2025

**미국 주식 투자의
변곡점이 온다**

2025 미국 주식 투자의
변곡점이 온다

초판 발행	2024년 12월
책임편집	오혜교
디자인	VF84
펴낸곳	OHK
출판신고	2018년 11월 27일 제 2018-000084호
주소	경기도 파주시 회동길 219 2층
전화	1800-9386
이메일	oaprecord@gmail.com
홈페이지	www.r2publik.com
ISBN	979-11-94050-18-6(13300)

- 이 책은 저작권법에 따라 보호받는 저작물이므로 무단전재와 무단복제를 금지하며, 이 책 내용의 전부 또는 일부를 이용하려면 반드시 저작권자와 OHK의 서면동의를 받아야 합니다.

2025

미국 주식 투자의 변곡점이 온다

진동인 지음

ohk

들어가는 말

주식 시장의 변곡점이 다가오고 있다.

주식 시장은 항상 변동성이 존재한다. 투자자들은 변곡점이 다가오는 순간을 예측하려 한다. 2025년 다가오는 새해에 우리는 또 하나의 중요한 변곡점 앞에 서 있을지도 모른다. 지금까지 이어진 급격한 성장은 둔화되고 있으며, 미국과 한국을 비롯한 전 세계 주식 시장은 새로운 국면으로 접어들고 있다. 이 변곡점을 어떻게 바라봐야 할까.

들어가는 말
주식 시장의 변곡점이 다가오고 있다.

미국 주식 시장이 한계에 부딪힌 이유

미국 주식 시장은 지난 10여 년간 테크 주식 중심으로 큰 성장을 이루었다. 팬데믹 동안 급성장한 대형 기술주는 역사적인 수익률을 기록하기도 했다. 그런데 이제 국면이 바뀌고 있다. 성장세는 둔화되는 양상되고 있는 것이다.

세계 최대 투자 회사인 블랙록(BlackRock)의 최고 투자 전략가 리차드 턴힐(Richard Turnill)은 "미국 주식은 과대 평가된 상태에 있으며, 금리 상승과 인플레이션 우려는 기업 이익률을 잠식할 가능성이 있다"고 경고하고 있다. 이는 최근 기술주가 보여준 제한된 상승폭과 맞물려 변곡점이 다가오고 있음을 시사한다.

미국 연방준비제도(Fed)의 금리 정책도 주목할 부분이다. 지난 2023년, 미국은 급격한 금리 인상을 단행했으며, 그 결과 자산 가격이 조정되고 있다. 최근에 금리 인하로 피봇을 단행하긴 했지만, 과열된 시장 금리가 단기간에 떨어질 가능성은 낮다. 최소 향후 1년 간은 자본비용이 증가하면서 주식 시장에 대한 매력이 상대적으로 떨어질 것이라는 것이 내 생각이다. 이런 상황에서 미국 주식의 10배, 20배 성장을 논하는 것은 아이러니다.

   국내 주식 시장 역시 쉽게 상승하지는 않을 것이다. 한국 주식 시장은 그동안 상대적으로 저평가되어왔다. 반도체, 2차 전지, 전기차 부문에서의 글로벌 경쟁력이 높아지면서 향후 성장 가능성은 여전히 유효하다. 최근 삼성전자, SK하이닉스 등 반도체 기업들은 AI 반도체 수요 증가와 함께 성장을 기대하고 있는 건 사실이다.
   하지만 세계 경제가 여러 리스크에 직면해 있고, 한국 경제 역시 수출 의존도가 높아 글로벌 경기 상황에 따라 큰 영향을 받을 수밖에 없는 상황이다.

변곡점을 통찰하는 방법

변곡점은 언제나 사후적으로 명확해지지만, 그 전에는 예측이 어렵다. 위기론을 말하는 건 쉽지만 미래는 아무도 모르는 것이다.

그러나 몇 가지 신호를 통해 변화의 순간을 통찰할 수는 있다. 우리가 살펴봐야 할 것은 다음과 같다.

첫째, 거시 경제의 전환점이다. 금리 인상과 인플레이션이 어떻게 변화하는지, 그리고 이에 대한 각국의 정책 대응을 주시하는 것이 중요하다. 미국 연준의 정책 방향은 전 세계 금융 시장에 큰 영향을 미치기 때문에, 그 움직임을 눈여겨볼 필요가 있다.

둘째, 자본의 흐름이다. 최근 몇 년 동안 주식 시장으로 흘러들어왔던 자본은 다시 안전 자산으로 이동하고 있다. 채권, 현금 등으로의 자산 이동이 급격히 증가할 경우, 이는 주식 시장의 하락을 예고할 수 있다. 글로벌 펀드매니저들은 이제 주식에서 벗어나 다른 자산으로 분산 투자를 늘리고 있다고 보고되고 있다.

마지막으로, 개별 종목과 섹터의 변화이다. 특정 산업군의 주도력이 떨어지거나, 새로운 산업이 부상하는 움직임은 시장 전체의 변화를 반영한다. 2024년을 맞아 기술주 중심의 시장에서 가치주와 배당주의 비중이 커지는 현상이 포착되고 있으며, 이는 시장의 변곡점이 다가오고 있음을 보여주는 또 다른 신호다.

변화에 대한 준비

변곡점이 오고 있음을 인식한다면, 투자자들은 그에 맞는 전략을 세워야 한다. 급격한 포트폴리오 조정보다는 서서히 리밸런싱을 하며, 향후 성장 가능성이 높은

> 들어가는 말
> 주식 시장의 변곡점이 다가오고 있다.

산업이나 국가에 주목해야 할 것이다. 또한, 단기적인 수익보다는 장기적인 관점에서 투자 기회를 찾는 것이 현명하다.

   미국과 한국을 비롯한 전 세계 주식 시장은 중요한 변곡점에 직면해 있다. 성장의 한계와 변화의 신호를 면밀히 관찰하고, 그에 맞는 투자 전략을 세우는 것이 지금의 변곡점에서 성공적인 투자자가 되는 길일 것이다.

   그런 의미에서 부디 이 책이 당신의 성공적인 투자를 돕는 길잡이가 되기를 간절히 희망한다.

2024년 12월
아라비즈니스그룹 총괄CEO
진동인

목차

들어가는 말
주식 시장의 변곡점이 다가오고 있다.　　　　4

CHAPTER 1
아무도 눈치채지 못한 위기가 온다

금리인하는 호재라는 환상	15
금과 비트코인이 오르고 있는 이유	21
중동 전쟁과 지정학적 위기	28
2024년 하반기, 주식시장이 바닥장이 아닐 수 있는 이유	35
레버리지라는 이름의 '개미지옥'	43

CHAPTER 2
지정학적 위기와 투자의 '묘수'

중동 전쟁은 경제를 어떻게 바꾸는가	57
엔케리 트레이드의 공포	66
미국의 패권이 쇠퇴할 수도 있다	75
금, 안전자산의 왕좌는 유지될 수 있을까	84

CHAPTER 3
미 대선 이후의 주식 투자 시나리오

불확실성 속에서 기회를 찾는 법	97
트럼프 2.0 시대, 우리는 무엇을 주목해야 하나	111
트럼프가 비트코인의 승부수를 띄운 이유	117
트럼프는 왜 일론 머스크를 앞세울까	122
미국 내수와 수출 시장의 변화	128
트럼프 2.0 시대, 한국이 대비해야 할 미래	134
지금과 같은 불확실성 속에서는 현금을 보유해야만 한다	140

CHAPTER 4
2025년 위기에 투자 수익을 극대화하는 법

2025년 위기의 시나리오	155
위기 직후, 부의 골든타임이 열린다	163
두려움을 기회로 바꾸는 전략	174
한국은행은 금리를 올릴 수 있을까?	184
불확실성 속에서 실물자산 투자의 방향성	193
트럼프 2.0 시대, 투자자는 무엇을 대비해야 하는가	202
트럼프 거품을 경계하라: 투자의 변곡점을 읽는 법	212

에필로그
변동의 시대, 새로운 도약을 위해 준비하라   217

CHAPTER
1

아무도 눈치채지 못한 위기가 온다

미국과 한국의 금리 인하는 단기적으로는 주식 시장에 호재로 작용할 수 있지만, 장기적인 관점에서 이를 지나치게 긍정적으로만 보는 것은 일종의 착시현상일 수 있다. 그 이유는 금리 인하가 나타나는 배경과 그 효과가 주식 시장의 전체 흐름과는 복잡하게 얽혀 있기 때문이다.

CHAPTER 1
아무도 눈치채지 못한 위기가 온다

★★★
금리인하는
호재라는 환상

미국이 피벗을 했다. 미국 연방준비제도(Fed)는 2024년 9월에 4년 만에 처음으로 금리 인하를 단행했다. 이로 인해 기준 금리는 5.25%에서 4.75%~5%로 낮아졌다.

금리 인하의 주요 이유는 인플레이션이 완화되기 시작했기 때문이다. 미국의 물가 상승률은 2022년 9.1%에서 2024년 8월에는 2.5%로 크게 낮아졌다. 또한, 고용 시장 둔화 우려와 경기 침체를 방지하려는 조치도 중요한 요인이다.

그러나 미국과 한국의 금리 인하는 단기적으로는 주

식 시장에 호재로 작용할 수 있지만, 장기적인 관점에서 이를 지나치게 긍정적으로만 보는 것은 일종의 착시 현상일 수 있다. 그 이유는 금리 인하가 나타나는 배경과 그 효과가 주식 시장의 전체 흐름과는 복잡하게 얽혀 있기 때문이다.

단기 호재로 작용하는 금리 인하

금리 인하는 기본적으로 기업과 소비자 모두에게 긍정적인 영향을 미친다고 알려져 있다. 기업은 더 낮은 금리로 자금을 조달할 수 있어 투자를 늘리고 이익을 확대할 기회를 얻는다. 소비자는 대출 금리 인하로 인해 더 많은 소비를 할 수 있는 여지가 생긴다. 이러한 요소들은 경제 활동을 촉진시켜 주식 시장에 긍정적인 신호를 주는 것이다.

실제로 역사적으로 금리 인하는 주식 시장의 단기 반

등을 유도하는 경향이 있다. 주식 투자자들은 금리 인하 소식에 시장을 긍정적으로 보고, 주식을 매수하게 된다. 특히, 최근 미국과 한국의 금리 인하로 인해 투자자들은 일시적인 호재로 받아들이며 주식 시장에 자금을 더 투입하는 경향을 보인다.

그러나 금리 인하가 반드시 장기적으로 호재라는 의미는 아니다. 금리 인하는 일반적으로 경기 침체나 경제 둔화 우려가 있을 때 이루어진다. 중앙은행이 금리를 인하한다는 것은 경제의 성장 동력이 약해졌다는 신호일 수 있으며, 이는 근본적으로 주식 시장에도 위험 요소로 작용할 가능성이 있다. 금리가 낮아져도 기업의 실적이나 경제 전반이 개선되지 않으면, 주식 시장의 실질적인 성장이 뒤따르지 않게 된다는 뜻이다.

미국 경제가 둔화하는 신호

미국의 경우, 연준의 금리 인하는 인플레이션 억제와 경기 부양을 위한 조치로 이루어지지만, 이는 결국 미국 경제가 둔화되고 있다는 우려에서 비롯된 것이다. 만약 경제가 금리 인하에도 불구하고 성장세를 회복하지 못한다면, 주식 시장의 잠재적 상승폭은 제한될 수 있다. 마찬가지로, 한국의 금리 인하 역시 내수 경기 부양을 위한 조치일 수 있지만, 글로벌 경제 둔화나 수출 의존도가 높은 한국 경제의 구조적 문제를 해결하지는 못한다.

금리 인하가 주식 시장에 일시적인 호재로 보일 수 있지만, 이는 실질적인 경제 회복을 반영하지 못할 경우 착시현상으로 남을 가능성이 높다. 금리 인하는 당장 자산 가격을 부양할 수 있지만, 금리 인하 자체가 시장의 근본적인 펀더멘털을 바꾸는 것은 아니라는 뜻이다. 기업의 실적 개선이나 경제 성장 없이 주식 가격만

CHAPTER 1
아무도 눈치채지 못한 위기가 온다

상승한다면, 이는 거품으로 이어질 위험이 있다.

게다가 금리 인하가 지속되면 중앙은행의 정책 수단이 제한되면서 추가적인 경기 부양이 어려워질 수 있다. 이미 낮은 금리 상태에서 더 이상 금리를 내릴 여지가 없는 상황이라면, 시장은 새로운 자극을 기대하기 어려워진다.

금리 인하는 단기적으로는 호재로 작용할 수 있지만, 그 배경과 장기적인 경제 흐름을 함께 고려해야 한다. 금리 인하만을 보고 시장이 무조건 상승할 것으로 기대하는 것은 위험할 수 있다. 특히 변곡점이 다가오는 시점에서 금리 인하가 주식 시장의 구조적 문제를 해결해주지 못한다면, 그 효과는 일시적일 수 있다는 점을 명심하자.

투자자들은 금리 인하의 즉각적인 시장 반응에만 의

존하기보다는, 기업 실적과 경제의 근본적인 펀더멘털을 함께 고려하면서 신중하게 시장에 접근할 필요가 있다.

CHAPTER **1**
아무도 눈치채지 못한 위기가 온다

★★★

금과 비트코인이
오르고 있는 이유

이런 상황에서 최근 금과 비트코인의 가격 상승은 주목할 만하다. 이는 글로벌 경제 불확실성, 통화정책 변화, 그리고 투자 심리의 변화를 반영한 결과로 분석할 수 있다. 금과 비트코인은 전통적으로 안전자산으로 인식되며, 시장 불안정성 또는 통화의 가치가 흔들릴 때 투자자들이 선호하는 자산으로 점점 더 인식되고 있다.

이러한 현상을 바탕으로 최근 금과 비트코인이 왜 오르는지 몇 가지 핵심 요인으로 분석해보면 다음과 같다.

글로벌 경제 불확실성 증가

금과 비트코인은 전통적으로 경제적 불확실성이 증가할 때 상승하는 경향이 있다. 2024년 들어, 미국과 유럽을 비롯한 여러 국가의 경제 성장 둔화 우려, 특히 미국의 고금리 기조가 계속되면서 경기 침체에 대한 공포가 커지고 있다. 이와 함께 지정학적 갈등과 공급망 불안, 인플레이션 압력은 경제 전반에 대한 불확실성을 높이고 있다.

안전자산인 금은 이러한 불안한 시기에 투자자들의 자금을 유치하는 역할을 한다. 금은 역사적으로 통화 가치가 하락하거나 시장이 불안정할 때 그 가치를 유지하거나 상승시키는 자산으로 알려져 있다. 이는 금에 대한 수요를 지속적으로 증가시키며, 최근 상승의 주요 원인으로 작용하고 있다.

CHAPTER 1
아무도 눈치채지 못한 위기가 온다

비트코인 또한 디지털 자산으로서 변동성이 크지만, 경제적 불확실성이 커질 때 '디지털 금'으로 불리며 일정 부분 안전자산의 역할을 수행하고 있다. 2023년 하반기부터 중앙은행의 통화 정책 불확실성이 커지면서, 비트코인은 투자자들 사이에서 인플레이션 헷지(hedge) 및 자산 보호 수단으로 인식되기 시작했다. 이로 인해 비트코인에 대한 수요가 증가하며 가격 상승을 이끌었다.

중앙은행의 금리 정책과 통화 완화 기대

최근 미국 연방준비제도(Fed)와 한국은행 등 주요 중앙은행의 금리 인하 가능성이 시장에서 주목받고 있다. 높은 금리는 전통적으로 주식과 같은 리스크 자산에는 부담으로 작용하고, 채권이나 예금 같은 안전 자산의 매력을 높인다. 금리 인하로 인해 통화가치가 떨어질 가능성이 커지면서 앞서 언급한 금이나 비트코인 같은 대체 자산의 매력이 상승한다.

 금은 금리가 낮아지면 상대적으로 보유 비용이 줄어들기 때문에 더 선호된다. 금리는 금 같은 무이자 자산의 기회비용에 직접적인 영향을 미치기 때문에, 금리 인하 기대가 금 가격 상승을 촉진하는 경향이 있다.

 또한 비트코인 역시 중앙은행의 금리 정책 변화에 영향을 받는다. 금리가 인하되면 법정화폐의 가치가 상대적으로 떨어지거나, 인플레이션이 높아질 가능성이 커진다. 이때 투자자들은 인플레이션 위험을 회피하기 위해 비트코인과 같은 대체 자산에 눈을 돌린다. 비트코인은 통화 가치 변동에 대한 헤지 수단으로 주목받고 있으며, 중앙은행이 금리 완화에 나설 가능성이 커질수록 비트코인에 대한 수요가 늘어나는 현상이 최근 나타나고 있는 특징 중 하나다.

투자자들의 '위험 회피' 성향

경제적 불확실성과 함께 투자자들의 '위험 회피' 성향이 강해지면서, 금과 비트코인은 매력적인 투자처로 부상하고 있다. 최근 글로벌 주식 시장의 변동성과 고금리 상황은 투자자들로 하여금 주식이나 부동산과 같은 리스크 자산보다는 안전자산으로 자금을 이동시키게 만들고 있다.

금은 이러한 투자 심리 변화에서 가장 대표적인 안전자산으로 자리 잡고 있다. 역사적으로도 경제적, 정치적 불안정 시기에 금 가격이 오르는 것은 자주 목격되는 현상이다. 비트코인 역시 그 변동성에도 불구하고 디지털 자산의 성격과 탈중앙화된 특성 덕분에 전통 금융 시스템의 리스크를 피하려는 투자자들 사이에서 점차 안전자산으로 인식되고 있다.

특히 비트코인은 탈중앙화된 네트워크와 블록체인 기술로 인해 정부나 중앙은행의 통제에서 자유로운 자산이라는 점에서 더 큰 매력을 갖는다. 이는 정치적 또는 경제적 시스템에 대한 신뢰가 낮아질 때 비트코인에 대한 수요가 높아지는 원인으로 작용한다.

최근 비트코인 가격 상승의 또 다른 이유는 미국에서 비트코인 현물 ETF가 승인된 이후 가팔라졌다. 비트코인 ETF는 일반 투자자들이 더 쉽게 비트코인에 접근할 수 있게 해주었고 이는 비트코인 수요를 폭발적으로 증가시킬 수 있다. 전작인 <비트코인 골든에이지>에서도 서술했듯, 이러한 기대감은 시장에 긍정적인 신호로 작용하며 비트코인 가격 상승을 이끌고 있다.

최근 금과 비트코인의 상승은 단순한 가격 변동을 넘어, 경제적 불확실성과 중앙은행의 금리 정책 변화에 대한 투자자들의 반응을 반영한다. 금은 전통적인 안전자산으로서의 역할을 계속해서 수행하고 있으며, 비트코인은 디지털 자산 시장에서의 새로운 안전자산으로 자리 잡아가고 있다.

투자자들은 경제가 불안정해질 때 대체 자산에 더 많은 자금을 투입한다는 점을 기억하자. 이로 인해 금과 비트코인의 상승세는 당분간 지속될 가능성이 있다.

★ ★ ★

중동 전쟁과 지정학적 위기
불확실성 속에서의 투자 전략

    지정학적 위기는 항상 글로벌 경제와 금융 시장에 커다란 영향을 미쳐 왔다. 이 지역은 특히 원유와 천연가스 등 에너지 자원의 주요 공급지로, 전 세계적으로 중요한 역할을 담당하고 있기 때문이다. 중동 전쟁과 불안정성이 이어질 경우, 에너지 가격 변동성과 경제 전반에 미치는 영향은 투자 시장에도 불확실성을 증대시킬 수밖에 없다.

중동 전쟁의 의미

중동에서 발생하는 갈등은 원유와 천연가스 가격에 즉각적인 영향을 미칠 수 있다. 이 지역은 세계 에너지 공급의 중심지로, 중동에서의 정치적 불안정은 에너지 수급에 대한 불확실성을 높이기 때문이다. 만약 전쟁이나 분쟁이 본격화된다면 원유와 천연가스 공급이 차질을 빚게 되고 이는 공급 부족으로 인해 가격 급등으로 이어지게 된다.

에너지 가격이 상승하게 되면 기업의 생산 비용이 증가한다. 특히, 에너지를 많이 사용하는 산업인 제조업, 물류, 항공업 등은 원가 부담이 커지게 되고, 이는 최종 소비자에게 전가될 가능성이 크다. 그 결과 소비자 물가가 상승하고, 이는 전반적인 인플레이션 압박을 높일 수 있다.

또한 중동의 지정학적 위기는 글로벌 공급망에도 타격을 줄 수 있다. 주요 에너지 운송 경로인 호르무즈 해협과 같은 전략적 요충지가 봉쇄되거나 위험에 처할 경우, 에너지 자원의 흐름이 크게 제한될 것이다. 이는 특히 에너지 자원에 의존적인 국가들의 경제에 직접적인 영향을 미치며, 글로벌 무역과 산업 생산에 차질을 주게 된다.

투자 불확실성의 증가

무엇보다 중동 지역의 전쟁과 지정학적 위기는 투자 시장에서 불확실성을 높이는 주요 요인이다. 에너지 가격의 변동성은 기업 실적에 영향을 미치고, 이는 주식 시장의 변동성을 높일 것이다. 특히 에너지를 많이 사용하는 산업이나 원자재 비용이 중요한 제조업체들은 이러한 영향을 크게 받을 수밖에 없다. 따라서 주식 시

장의 일부 섹터는 지정학적 리스크가 커질수록 투자자들에게 매력도가 떨어질 가능성이 높은 상황이다.

지정학적 위기는 특히 투자자들로 하여금 '위험 회피' 성향을 강화시키는 경향이 있다. 불확실성이 커질 때, 투자자들은 보다 안전한 자산으로 자금을 이동시킨다. 2024년 현재, 중동 전쟁과 글로벌 경제 둔화에 대한 우려가 금 가격을 상승시키는 주요 요인으로 작용하고 있는 것만 봐도 이를 알 수 있다.

안전자산과 분산투자에 관심을 돌리는 투자자들

중동의 불안정성과 지정학적 위기가 커지면 투자자들은 포트폴리오에서 리스크 관리 전략을 강화해야 한다. 보수적으로 투자해야 한다는 뜻이다. 가장 중요한 것은 불확실성이 높은 시기일수록 포트폴리오의 다각화가 필수적이라는 점이다. 특정 지역이나 특정 자산에 집중된 투자는 불안정성에 취약해질 수 있기 때문에, 자산과 지역을 다양하게 분산 투자하도록 해야 한다.

　가장 먼저, 안전자산의 비중을 늘려야 한다. 금은 전통적으로 안전자산으로 간주되며, 중동의 지정학적 위기나 글로벌 경제 불확실성이 증가할 때 가격이 상승한다. 따라서 금에 대한 비중을 늘려서 포트폴리오의 안정성을 강화하는 것이 대안이 될 수 있다. 금은 변동성이 큰 상황에서 자산의 가치를 보호하는 역할을 할 수 있기 때문에 장기적으로도 유효한 투자 수단이다.

　둘째, 비트코인과 같은 디지털 자산에 대한 고려도 투자 전략에서 중요한 부분이 될 수 있다. 비트코인은 여전히 변동성이 큰 자산이지만, 중앙은행의 통제에서 벗어난 대체 자산으로서의 가능성이 이미 커졌다. 특히 지정학적 리스크가 높아질 때 탈중앙화된 자산으로서 비트코인의 가치는 올라간다. 비트코인은 전통 금융 시장의 영향을 덜 받기 때문에 대체 자산으로서 포트폴리오에 추가하는 것도 하나의 방안이 될 것이다.

특히 분산투자가 불확실성 속에서 중요한 전략으로 떠오르고 있다. 단일 자산군이나 국가에 과도하게 집중된 투자는 위험을 가중시킬 수 있는 만큼 주식, 채권, 부동산, 원자재, 디지털 자산 등 다양한 자산군에 걸쳐 분산투자를 하는 것이 리스크를 줄이는 방법이 될 것이다. 또한, 중동에서 발생하는 지정학적 위기가 특정 지역이나 산업에 미치는 영향을 줄이기 위해 글로벌 분산투자를 고려할 필요가 있다.

불안에 떠는 투자자들

중동 전쟁과 지정학적 위기는 경제적 불확실성을 높이며, 이는 투자 시장에 커다란 영향을 미칠 수밖에 없다. 에너지 가격 변동성, 인플레이션 압력, 공급망 차질 등 여러 요인이 복합적으로 작용하면서 주식 시장을 비롯한 전반적인 금융 시장의 변동성이 커질 가능성이 높아진 상황에서 투자자들은 이러한 상황에서 포트폴리오의 안전성과 다각화를 고민해야 한다.

변곡점에 가까워진 현재의 금융 시장에서 신중한 투자 판단이 그 어느 때보다 중요해졌으며, 장기적인 관점에서 포트폴리오를 설계하는 것이 현명한 투자자의 자세일 것이다.

CHAPTER 1
아무도 눈치채지 못한 위기가 온다

★★★

2024년 하반기, 주식시장이 바닥장이 아닐 수 있는 이유

　일부 전문가들 사이에서 2024년 하반기가 주식 시장의 바닥장이라는 의견이 제기되고 있다. 주식 시장의 흐름이 점차 안정화되고, 중앙은행들의 금리 정책이 전환점을 맞았다는 것이다. 그러나, 주식 시장에서 "바닥"을 예측하는 일은 항상 어려운 문제다. 특히 현재의 글로벌 경제 환경에서는 여러 변수들이 복합적으로 작용하여 바닥장을 확신하기 어렵다.

고금리의 후폭풍

미국 연방준비제도(Fed)와 한국은행 등 주요 중앙은행들은 2023년부터 공격적인 금리 인상을 단행해 왔다. 그 결과로 인플레이션이 어느 정도 진정되는 모습을 보였기에 최근에는 다시 금리를 내리는 모양새다.

하지만 이른바 '빅컷' 단행 이후에도 여전히 금리가 높은 수준에서 유지되고 있다. 블룸버그 경제학자 앤드류 허랜스(Andrew Hollenhorst)는 "금리 인하 기대감이 존재하지만, 연준은 물가 안정을 목표로 한 긴축 정책을 완화하는 데 매우 신중할 것"이라고 전망하고 있다.

이미 그동안 지속되어 온 높은 금리가 기업들의 차입 비용을 증가시킨 상황. 이는 투자와 소비를 억제하여 경제 성장을 둔화시키는 요인으로 작용하고 있다. 특히, 기술주와 같은 성장주들이 금리 상승기에 큰 타격을 받

았다. 이러한 환경에서는 주식 시장이 쉽게 반등하지 못할 가능성이 크다.

　필자가 보기에 2025년에 경제위기가 찾아온다면, 주식시장은 바닥에 도달하지 못하고 추가적인 하락 압력을 받을 수 있다.

인플레이션 불안정성

　인플레이션은 전 세계 경제에 큰 변수가 되고 있으며, 이는 금리가 떨어진 이후에도 여전히 유효하다. 비록 최근 몇 개월간 일부 진정되었지만 여전히 경제 불안의 중심에 있는 것이 사실이다. 미국과 유럽을 포함한 주요 경제권에서 에너지 가격 상승, 공급망 문제, 중동 전쟁과 같은 요인들이 인플레이션을 다시 자극할 가능성이 크다는 점을 기억하라.

미국 뱅크오브아메리카(Bank of America)의 수석 투자 전략가인 마이클 하트넷(Michael Hartnett)은 "중동 지역의 지정학적 불안정성은 원유와 같은 에너지 자원의 공급 차질을 야기할 수 있으며, 이는 다시 인플레이션을 끌어올리는 요인이 될 것"이라고 지적한다. 만약 에너지 가격이 다시 급등한다면, 기업들의 생산 비용은 더욱 상승하고, 인플레이션 압력은 커지며 이는 결국 소비자 지출에도 부정적인 영향을 미칠 수밖에 없는 것이다.

무엇보다 2025년 상반기에 주식 시장에 중요한 영향을 미칠 결정적 변수가 있다. 바로 지정학적 리스크이다. 특히 중동에서의 갈등, 미중 무역 분쟁, 러시아와 우크라이나 전쟁 등이 주식 시장의 변동성을 증가시키는 요인으로 작용하고 있다. 지정학적 불안은 글로벌 경제에 직접적인 영향을 미친다.

골드만삭스의 글로벌 시장 전략가들은 "지정학적 리스크는 예측하기 가장 어려운 변수 중 하나이며, 이는 주식 시장에 단기적인 충격을 주기 충분하다"며 투자자들이 이러한 리스크를 주의 깊게 살펴봐야 한다고 조언하고 있다. 특히 에너지 자원의 공급 경로가 중동에서 크게 영향을 받기 때문에, 에너지 가격 상승과 공급망 차질은 주식 시장의 추가적인 하락을 초래할 가능성이 있다.

기업 실적 둔화 가능성

기업들의 실적은 주식 시장에서 중요한 역할을 한다. 하지만 2024년 하반기에도 기업 실적이 기대만큼 회복되지 않을 가능성이 있다. 특히, 소비 둔화와 원자재 가격 상승, 공급망 문제 등으로 인해 주요 기업들이 실적 목표를 달성하지 못할 경우, 주식 시장에 부정적인 영향을 미칠 수 있다.

　미국 시티그룹(Citigroup)의 투자 분석가 마크 해프니(Mark Haefele)는 "기업 실적이 예상보다 낮을 경우, 주식 시장의 하락은 불가피하다. 특히, 고금리와 원가 상승이 기업 수익성에 타격을 줄 수 있다"고 경고한 바 있다. 이는 특히 기술주와 성장주에서 큰 영향을 미칠 수 있으며, 이들 주식의 하락은 주식 시장 전반의 하락을 이끌 가능성이 크다.

　주식 시장은 특히 기업 실적과 경제 지표뿐만 아니라 투자자들의 심리에 의해 크게 좌우되는 성향이 있다. 투자자들이 경제나 지정학적 상황에 대해 불안감을 느끼면, 시장은 급격히 냉각된다. 주식 시장의 회복이 더뎌지는 이유 중 하나는 바로 이러한 투자 심리의 변화다.

CHAPTER 1
아무도 눈치채지 못한 위기가 온다

JP모건의 수석 시장 전략가 데이비드 켈리(David Kelly)는 "투자자들이 시장을 신뢰하지 못하는 상황에서는 주식 시장이 바닥을 형성하기 어렵다"고 지적하며, "불확실성이 클수록 주식 시장의 변동성은 높아지고, 이는 바닥을 찾기 위한 시간이 더 오래 걸릴 수 있다"고 언급하고 있다.

2024년 하반기가 주식 시장의 바닥장이라는 주장이 있지만, 여러 경제적, 지정학적 요인들은 여전히 시장을 압박하고 있다. 섣불리 바닥장을 확신하기보다는 불확실성 속에서 지속적으로 시장 상황을 주시하고, 다각화된 포트폴리오를 유지하며 유연하게 대응하는 것이 필요한 상황이다.

무엇보다 금융 시장은 항상 변동성을 가지고 있으며, 주식 시장에서 바닥을 정확히 예측하는 것은 불가능에

가깝다. 다양한 리스크를 대비할 수 있는 포트폴리오를 구축하자.

CHAPTER **1**
아무도 눈치채지 못한 위기가 온다

★★★

레버리지라는 이름의
'개미지옥'

2024년 하반기 주식 시장은 그 어느 때보다 불확실성이 컸다. 인플레이션, 지정학적 리스크 등으로 인해 시장의 변동성은 지속되고 있다. 그럼에도 불구하고, 일부 투자자들은 "위기가 곧 기회"라는 오래된 격언을 떠올리며, 레버리지를 활용하고 있는 상황이다. 레버리지 투자가 기회일까, 아니면 더 큰 위험으로 가는 독일까.

기회의 창을 노리는 투자자들

2024년 하반기, 일부 투자자들은 경기 둔화와 시장 하락이 오히려 바닥을 다지고 있고, 이제 곧 반등할 시기가 왔다고 믿는다. 이러한 "바닥론"을 기반으로 레버리지 투자에 뛰어든다.

실제로 미국 투자은행 골드만삭스는 "시장의 변동성이 커지면 오히려 기회가 된다"는 분석을 내놓기도 했다. 2023년 10월까지 S&P 500 지수는 연초 대비 약 14% 하락했지만, 일부 투자자들은 기술주를 중심으로 레버리지를 활용한 매수를 단행하며 반등을 기대했다. 그 중 테슬라(Tesla), 애플(Apple)과 같은 기술 대기업들은 일시적인 조정을 겪었지만 여전히 장기적인 성장성을 지니고 있어 레버리지를 통한 공격적인 투자 타깃이 되고 있는 상황이다.

역사적으로 레버리지 투자가 성공을 거둔 사례는 많다. 대표적인 예로, 2008년 글로벌 금융위기 직후의 주식 시장이 있다. 당시, 주식 시장은 급격히 하락했지만 이후 몇 년 동안 V자형 반등을 보이며 많은 투자자들에게 큰 수익을 안겼다. 2009년 S&P 500 지수는 금융위기 직후 최저점에서 64% 상승했으며, 레버리지를 사용한 투자자들은 그 이상의 수익을 기록했다.

이러한 과거 경험은 지금도 레버리지 투자를 감행하게 만드는 주요 동기 중 하나다. JP모건 자산운용의 데이비드 켈리(David Kelly)는 "역사는 반복되며, 우리는 하락장에서 기회를 찾아야 한다"고 조언하며, 레버리지 투자가 적절한 타이밍에 실행될 경우 큰 보상을 기대할 수 있다고 말했다.

레버리지 투자가 안고 있는 위험

그러나 레버리지 투자는 그 자체로 매우 위험한 전략이다. 빌린 자본을 투자하기 때문에, 시장이 예상과 다르게 움직일 경우 손실이 기하급수적으로 커질 수 있다. 현재의 경제 상황을 고려하면, 레버리지 투자에 대한 위험성은 그 어느 때보다 크다. 특히, 고금리와 지정학적 불안정성이 투자 환경을 더 복잡하게 만들고 있다.

대표적으로 IMF(국제통화기금)의 데이터를 살펴보자. IMF는 2024년 세계 경제 성장률을 2.9%로 하향 조정했다. 이는 경기 둔화가 예상보다 더 오래 지속될 가능성을 의미하며, 그 결과 주식 시장의 반등이 지연될 수 있다는 것이다.

아직까지도 높은 금리 환경은 기업들의 투자와 소비

CHAPTER 1
아무도 눈치채지 못한 위기가 온다

를 억제하여 경기 회복을 늦출 수 있으며, 이는 레버리지 투자자들에게 더 큰 위험 요인이 될 수 있다.

2022년의 사례는 이를 잘 보여준다. 당시 많은 투자자들이 고금리와 인플레이션 속에서 레버리지 투자를 감행했지만, 시장이 하락을 이어가면서 손실을 본 경우가 많았다. 블룸버그 통계에 따르면, 2022년 한 해 동안 레버리지를 사용한 투자자들의 평균 손실률은 약 35%에 달했다. 이는 레버리지 투자 실패 시 손실이 얼마나 큰지 보여주는 대표적인 사례다.

"위기가 곧 기회"라는 사고의 양면성

투자자들이 레버리지 투자에 뛰어드는 이유 중 하나는 시장이 크게 하락할 때, 그만큼 큰 반등을 기대하기 때문이다. 이와 같은 심리는 "위기가 곧 기회"라는 사고

방식에서 비롯된다. 그러나 이러한 사고방식은 양날의 검일 수 있다. 시장이 예상대로 반등하면 큰 수익을 얻을 수 있지만, 예상과 다르게 움직일 경우 그 손실은 회복하기 어려울 만큼 커질 수 있다.

투자 전문 매체 CNBC는 2023년 말 "레버리지를 활용한 투자자들은 심리적 압박을 크게 받을 수 있다"고 경고하며, 시장 변동성이 큰 시기에는 투자자들이 감정에 휩싸여 비이성적인 결정을 내릴 가능성이 높다고 지적했다. 이는 특히 레버리지 투자에서 심각한 문제가 될 수 있다. 작은 변동성에도 자산 가치가 급격히 변할 수 있기 때문에, 투자자들은 주식 시장에서 예상치 못한 변동성을 경험할 때 큰 손실을 보기 때문이다.

현재의 경제 환경은 고금리, 인플레이션, 지정학적 불안정성 등의 요인으로 인해 더 복잡하고 변동성이 크

CHAPTER 1
아무도 눈치채지 못한 위기가 온다

다. 투자자들은 시장의 방향성을 정확히 예측할 수 없다는 점을 명심해야 한다. 나를 비롯한 수많은 한국의 금융 전문가들이 경고하는 대로 현재의 시장 환경은 추가적인 하락 가능성을 배제할 수 없으며, 이는 레버리지 투자자들에게 더 큰 손실을 초래할 수 있다. 따라서 레버리지를 활용한 투자를 고려하는 투자자들은 그에 상응하는 리스크를 감수할 수 있는 능력과 전략적 사고가 필요하다.

골드만삭스의 마이클 윌슨(Michael Wilson)은 "레버리지 투자는 장기적으로 보다는 단기적으로 시장의 변동성을 이용하려는 도구이며, 현재와 같은 경제적 불확실성 속에서는 매우 신중하게 접근해야 한다"고 조언했다. 투자자들은 레버리지 투자의 매력에 빠지기보다는, 자신이 감당할 수 있는 리스크를 정확히 평가하고 신중하게 전략을 세워야 할 것이다.

핵심 내용 복습하기

○ 금리 인하는 기본적으로 기업과 소비자 모두에게 긍정적인 영향을 미친다고 알려져 있다. 기업은 더 낮은 금리로 자금을 조달할 수 있어 투자를 늘리고 이익을 확대할 기회를 얻는다. 소비자는 대출 금리 인하로 인해 더 많은 소비를 할 수 있는 여지가 생긴다. 이러한 요소들은 경제 활동을 촉진시켜 주식 시장에 긍정적인 신호를 주는 것이다.

실제로 역사적으로 금리 인하는 주식 시장의 단기 반등을 유도하는 경향이 있다. 주식 투자자들은 금리 인하 소식에 시장을 긍정적으로 보고, 주식을 매수하게 된다. 특히, 최근 미국과 한국의 금리 인하로 인해 투자자들은 일시적인 호재로 받아들이며 주식 시장에 자금을 더 투입하는 경향을 보인다.

CHAPTER 1
아무도 눈치채지 못한 위기가 온다

그러나 금리 인하가 반드시 장기적으로 호재라는 의미는 아니다. 금리 인하는 일반적으로 경기 침체나 경제 둔화 우려가 있을 때 이루어진다. 중앙은행이 금리를 인하한다는 것은 경제의 성장 동력이 약해졌다는 신호일 수 있으며, 이는 근본적으로 주식 시장에도 위험 요소로 작용할 가능성이 있다. 금리가 낮아져도 기업의 실적이나 경제 전반이 개선되지 않으면, 주식 시장의 실질적인 성장이 뒤따르지 않게 된다는 뜻이다.

○ 미국 연방준비제도(Fed)와 한국은행 등 주요 중앙은행들은 2023년부터 공격적인 금리 인상을 단행해 왔다. 그 결과로 인플레이션이 어느 정도 진정되는 모습을 보였기에 최근에는 다시 금리를 내리는 모양새다.
하지만 이른바 '빅컷' 단행 이후에도 여전히 금리가 높은 수준에서 유지되고 있다. 블룸버그 경제학자 앤드류 허랜스(Andrew Hollenhorst)는 "금리 인하 기대감이 존재하지만, 연준은 물가 안정을 목표로 한 긴축 정책을 완화하는 데 매우 신중할 것"이라고 전망하고 있다.

이미 그동안 지속되어 온 높은 금리가 기업들의 차입 비용을 증가시킨 상황. 이는 투자와 소비를 억제하여 경제 성장을 둔화시키는 요인으로 작용하고 있다. 특히, 기술주와 같은 성장주들이 금리 상승기에 큰 타격을 받았다. 이러한 환경에서는 주식 시장이 쉽게 반등하지 못할 가능성이 크다.

필자가 보기에 2025년에 경제위기가 찾아온다면, 주식시장은 바닥에 도달하지 못하고 추가적인 하락 압력을 받을 수 있다.

○ 중동에서 발생하는 갈등은 원유와 천연가스 가격에 즉각적인 영향을 미칠 수 있다. 이 지역은 세계 에너지 공급의 중심지로, 중동에서의 정치적 불안정은 에너

지 수급에 대한 불확실성을 높이기 때문이다. 만약 전쟁이나 분쟁이 본격화된다면 원유와 천연가스 공급이 차질을 빚게 되고 이는 공급 부족으로 인해 가격 급등으로 이어지게 된다.

에너지 가격이 상승하게 되면 기업의 생산 비용이 증가한다. 특히, 에너지를 많이 사용하는 산업인 제조업, 물류, 항공업 등은 원가 부담이 커지게 되고, 이는 최종 소비자에게 전가될 가능성이 크다. 그 결과 소비자 물가가 상승하고, 이는 전반적인 인플레이션 압박을 높일 수 있다.

또한 중동의 지정학적 위기는 글로벌 공급망에도 타격을 줄 수 있다. 주요 에너지 운송 경로인 호르무즈 해협과 같은 전략적 요충지가 봉쇄되거나 위험에 처할 경우, 에너지 자원의 흐름이 크게 제한될 것이다. 이는 특히 에너지 자원에 의존적인 국가들의 경제에 직접적인 영향을 미치며, 글로벌 무역과 산업 생산에 차질을 주게 된다.

CHAPTER
2

지정학적 위기와 투자의 '묘수'

★★★

중동 전쟁은 경제를
어떻게 바꾸는가

2024년, 중동에서 또다시 전쟁의 그림자가 드리우면서 세계 경제가 요동치고 있다. 전쟁은 단순한 갈등을 넘어 글로벌 경제의 근간인 원유 공급에 직접적인 타격을 준다. 국제 유가는 이미 배럴당 90달러를 넘어섰고, 이 숫자가 높아질수록 글로벌 경제의 변동성은 더욱 커지고 있다. 우리는 중동 전쟁이 일으킨 유가 상승이 단순한 가격의 문제가 아니라, 경제의 본질적 구조를 뒤흔들고 있다는 사실은 투자자에게 어떤 교훈을 줄까.

인플레이션이라는 불청객

전쟁은 언제나 경제에 상처를 남긴다. 특히 중동 전쟁은 원유라는 생명줄을 틀어쥔 갈등이다. 세계 경제의 '혈액'이라고도 불리는 원유는 모든 산업의 동력이기 때문이다. 원유 가격이 오르면, 가장 먼저 타격을 받는 것이 기업들이다. 특히 에너지를 많이 사용하는 제조업, 항공사, 운송업체는 치솟는 비용에 직면하고, 이는 곧 소비자 물가로 이어진다.

국제에너지기구(IEA)는 유가가 10% 상승할 때마다 글로벌 인플레이션이 약 0.4~0.5%포인트 상승할 수 있다고 경고한다. 이미 많은 국가들이 고물가에 시달리고 있는 상황에서, 추가적인 인플레이션은 경제에 더욱 큰 부담을 줄 것이다. 특히, 미국과 유럽에서는 이미 연준(Fed)과 유럽중앙은행(ECB)이 인플레이션을 잡기 위해 금리를 가파르게 인상해 왔다. 유가 상승이 지속된다면, 제롬 파월 연준 의장이 금리를 인하했더라도 앞으로의 상황이 어떻게 달라질지 모른다.

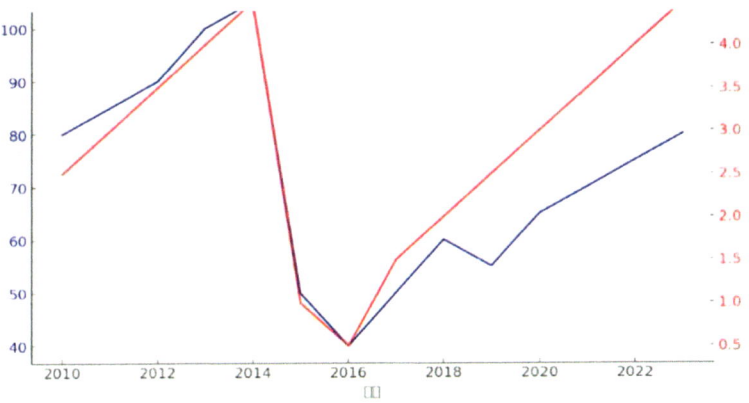

국제유가와 인플레이션의 관계. 파란색 선(단위는 배럴당 달러(USD) 국제유가의 변동을 보여주는데 2010년부터 2024년까지의 유가 추이를 보면 빨간색 선(인플레이션율의 변화율) 국제유가와 인플레이션이 비슷한 추세로 상승하거나 하락하는 경향을 보여준다.

필자는 2022년, 러시아-우크라이나 전쟁으로 유럽 국가들이 에너지 공급망에 큰 타격을 입었던 상황이 아직도 눈에 선하다. 독일의 소비자 물가는 그해 9월에만 10.4%나 급등했다. 중동 전쟁이 장기화 될 경우 유럽은 또 한 번 에너지 가격 폭등에 직면할 수 있다. 전쟁이 불러오는 경제적 고통은 단순히 에너지 비용을 넘어 전 세계인들의 삶을 뒤흔들 것이다.

에너지 의존의 딜레마

중동 전쟁과 유가 상승은 우리가 현재 경제 구조에서 얼마나 화석연료에 의존하고 있는지를 여실히 드러낸다. 이 문제를 더 깊이 들여다보면, 단순한 경제적 논리를 넘어선 철학적인 딜레마가 있다. 나오미 클라인이 지적했듯이, 기후 위기와 에너지 위기는 자본주의의 구조적 모순을 노출한다. 현대 경제는 석유라는 자원에 지나치게 의존하고 있으며, 그 의존도가 우리의 경제를

CHAPTER 2
지정학적 위기와 투자의 '묘수'

얼마나 취약하게 만드는지를 다시 한번 상기시켜준다.

　이 상황을 쉽게 이해하기 위해 비유를 들어보자. 집을 지었는데 그 기둥이 너무 약한 재료로 만들어진 것이다. 여기서 말하는 재료가 바로 화석연료다. 중동이라는 지정학적으로 불안정한 지역에 우리의 경제 기둥을 세운 것이나 다름없다. 기둥이 흔들릴 때마다 전 세계 경제는 지진을 겪게 되는 셈이다. 중동에서 불거진 전쟁은 이 기둥이 얼마나 취약한지를 다시금 보여준다.

　이제 중요한 질문을 던질 차례다. 우리는 이 취약한 기둥에 계속 의존할 것인가, 아니면 새로운 기둥을 세울 것인가? 중동 전쟁이 불러온 유가 상승은 에너지 전환을 가속화하는 촉매제가 될 수 있다. 이미 전 세계적으로 신재생 에너지에 대한 투자는 가속화되고 있다. 유럽연합(EU)은 러시아의 에너지 의존에서 벗어나기 위해 재생에너지에 대한 투자를 대폭 확대했다. 독일은 2030년까지 전체 에너지의 80%를 신재생 에너지로 충당할 계획이다.

미국도 마찬가지다. 이미 이전 정부인 바이든 행정부를 통해 IRA(인플레이션 감축법)로 대규모 재생에너지 인프라에 투자를 하고 있다. 이는 기후변화 대응뿐만 아니라, 중동과 같은 불안정한 지역에 대한 에너지 의존을 줄이기 위한 경제적 전략이기도 하다. 중동에서의 전쟁이 계속해서 에너지 시장을 흔든다면, 재생에너지가 대안이 되는 시기는 더 빨리 찾아올지도 모른다.

유가 상승은 단순히 화석연료의 가격 상승을 넘어, 글로벌 에너지 시장의 판을 바꾸는 계기가 될 수 있다. 신재생 에너지가 본격적으로 자리 잡기 시작하면, 우리는 더 이상 중동에서의 갈등에 경제적으로 휘둘리지 않는

새로운 경제 질서로 나아갈 수 있을 것이다.

금융 시장과 정책의 변화

금융 시장 역시 유가 상승의 여파를 피할 수 없다. 에너지 비용이 상승하면 기업의 이익은 감소하고, 주가는 하락할 가능성이 크다. 모건스탠리는 유가가 배럴당 100달러를 넘으면, S&P 500 지수가 10% 하락할 수 있다고 경고했다. 특히 에너지를 많이 소비하는 항공사, 운송업체, 제조업체들이 가장 큰 타격을 받을 것이다. 이는 주식 시장의 변동성을 높이고, 투자자들은 더 안전한 자산으로 자금을 이동시키려 할 가능성이 크다.

앞으로는 중앙은행들의 정책도 변하지 않을 수 없을 것이다. 유가 상승은 인플레이션을 자극하고, 이는 중앙은행이 금리를 인하하는 데 더 신중할 수밖에 없게 만든다. IMF는 이미 "중동 전쟁이 장기화되면 글로벌 경제 성장률이 0.2~0.5%포인트 하락할 수 있다"고 분석한 바 있다. 금리가 다시 인상되면 기업들의 차입 비용은 더 높아지고, 이는 결국 경기 둔화로 이어질 가능성이 크다.

이런 상황에서 투자자들은 금이나 비트코인과 같은 안전 자산으로 자금을 이동시키며 변동성에 대비할 것이다. 금융 시장은 유가 상승에 따라 불안정성이 커지고, 투자자들의 심리가 변하는 모습을 보일 것이다.

위기와 변화, 그리고 새로운 기회

기억하자. 중동 전쟁과 유가 상승은 단순한 경제적 사건 이상의 의미를 지닌다. 그것은 우리가 화석연료에 의존하는 경제 구조의 취약성을 드러내며, 동시에 이를

CHAPTER **2**
지정학적 위기와 투자의 '묘수'

극복할 수 있는 새로운 기회를 제공한다. 단기적으로는 인플레이션과 경제 둔화라는 부정적인 영향이 불가피할 것이다. 그러나 장기적으로는 신재생 에너지로의 전환과 에너지 공급망의 다변화라는 구조적 변화를 이끌어낼 수 있다.

현재의 위기를 어떻게 바라봐야 하는가. 이 위기는 새로운 경제 질서로 나아가는 전환점이 될 수 있을까. 나오미 클라인의 말처럼, 자본주의는 기후 위기와 에너지 위기라는 구조적 모순에 직면하고 있다. 하지만 그 모순을 해결할 수 있는 길은 이미 제시되고 있다. 유가 상승이 촉발한 위기는 신재생 에너지로의 전환을 가속화할 것이다. 그리고 이는 더 지속 가능한 경제 구조를 만들어 나가는 중요한 계기가 될 것이다. 위기는 기회의 다른 이름일지도 모른다.

★ ★ ★

엔케리 트레이드의 공포

2024년 하반기 금융 시장에는 긴장감이 감돌고 있다. 중동 전쟁으로 인한 유가 급등, 미국과 유럽의 여전히 고금리, 그리고 인플레이션 압박이 겹치면서 투자자들은 불안감을 감추지 못하고 있다.

이런 상황에서 등장한 또 하나의 불안 요소가 바로 '엔케리 트레이드(엔화 캐리 트레이드)' 공포다. 일본의 초저금리 정책을 기반으로 한 이 투자 전략은 오랜 기간 글로벌 투자자들에게 매력적인 수익 기회를 제공해왔지만, 최근의 경제적 불확실성 속에서 큰 리스크로 떠오르고 있다.

엔케리 트레이드는 일본의 낮은 금리로 돈을 빌려 미국이나 유럽처럼 고금리를 제공하는 시장에 투자하는 방식이다. 이 전략은 금리 차익을 노리는 매력적인 투자 수단으로 여겨져 왔지만, 현재의 시장 상황에서는 위험이 더 커지고 있는 것이다. 왜 지금 엔케리 트레이드가 공포의 대상으로 떠오르고 있는지, 그리고 그 이면에는 어떤 경제적 논리가 숨어 있는지 살펴보자.

기회의 장이었던 초저금리 시대

과거 엔케리 트레이드가 인기를 끌었던 이유는 단순하다. 일본은 1990년대부터 지속적으로 초저금리 정책을 유지해왔고, 이는 투 자자들에게 마치 돈을 싼 값에 빌리는 기회를 제공한 것처럼 보였다. 일본에서 엔화를 빌려 그 자금으로 금리가 높은 미국이나 유럽 시장에 투자하는 방식은 투자자들에게 비교적 안정적이고 예측 가능한 수익을 안겨주기도 했다.

예를 들어, 미국의 기준금리가 5%에 달할 때 일본은 여전히 0%에 가까운 금리를 유지하고 있다. 이는 마치 '제로 금리'로 돈을 빌려 고금리 자산에 투자하는 것과 같다. 투자자들에게는 단순하면서도 매력적인 수익 창출 기회였다. 그러나 엔캐리 트레이드는 그만큼 시장의 불안정성에 취약한 투자 방식이기도 하다.

공포의 시작

문제는 미국과 유럽의 금리가 급격히 상승하면서 시작됐다. 미국 연방준비제도(Fed)는 2023년부터 공격적인 금리 인상을 단행했고, 현재 금리는 5%를 웃돌고 있다.

CHAPTER 2
지정학적 위기와 투자의 '묘수'

유럽중앙은행(ECB) 역시 인플레이션을 억제하기 위해 금리를 인상해 왔다. 그 결과 일본과의 금리 차이는 더욱 벌어졌고, 이로 인해 엔캐리 트레이드의 매력도 커졌다.

그러나 일본의 금리가 언제까지나 0%에 머물 수는 없다. 일본은행이 금리 인상을 시사하는 순간, 이 전략의 위험성은 급격히 커진다. 노무라 증권의 수석 애널리스트 다카시 우에다는 "일본은행이 금리 정책을 변화시키면, 엔캐리 트레이드로 인해 투자자들이 빌린 자금 상환 부담이 급격히 커질 수 있다"고 경고한다. 이는 투자자들이 빌린 자금을 갑작스럽게 회수해야 할 상황을 초래할 수 있으며, 이는 글로벌 금융 시장에 더 큰 충격을 줄 수 있다.

숨겨진 리스크의 확대

게다가 또 다른 변수가 등장했다. 바로 중동 전쟁과 유가 급등이다. 국제유가는 이미 배럴당 90달러를 넘어서고 있으며, 이는 글로벌 경제에 인플레이션 압박을 더하고 있다. 유가 상승은 곧 에너지 가격 상승으로 이어지고, 각국의 중앙은행들이 금리 인하 대신 금리를 더 인상할 가능성을 높인다.

이러한 상황은 엔케리 트레이드에 참여한 투자자들에게 추가적인 리스크로 작용한다. 투자자들이 빌린 자금을 상환해야 할 때, 유가 상승과 금리 인상이 동시에 일어나면 자금 조달 비용이 크게 증가하기 때문이다. IMF는 "유가가 10% 상승할 경우, 글로벌 인플레이션은 약 0.4~0.5%포인트 상승할 수 있으며, 이는 중앙은행들이 금리 인하를 미루게 만들 것"이라고 이미 경고했다.

엔화 가치의 변동성, 더 커지는 불확실성

엔캐리 트레이드에서 또 하나 중요한 변수는 엔화의 가치다. 엔화를 빌려 투자하는 과정에서 투자자들은 환율 변동에도 민감하게 반응해야 한다. 엔화가 약세를 보이면 이익을 더 얻을 수 있지만, 엔화가 강세로 돌아설 경우 빌린 자금을 상환할 때 더 많은 비용을 부담해야 한다.

최근 일본 엔화는 약세를 보이고 있지만, 이는 영원하지 않다. 일본은행이 금리 인상을 시사하는 순간, 엔화는 급격한 강세로 전환될 가능성이 크다. 나시르 탈레브가 말한 것처럼, "시스템이 복잡할수록 예기치 못한 위험이 발생할 가능성은 더욱 커진다" 엔캐리 트레이드는 그 복잡성 속에서 언제든 위험으로 변할 수 있는 잠재력을 가진 전략이다.

자본주의의 그림자

엔케리 트레이드는 자본주의 시스템의 한계를 상징적으로 보여준다. 초저금리 환경이 만들어낸 이 전략은 마치 대출 기반 자본주의의 본질을 드러내는 듯하다. 값싼 돈을 빌려 더 높은 수익을 얻으려는 구조는 매력적으로 보이지만, 그 이면에는 언제든지 폭발할 수 있는 금융 시스템의 취약성이 자리 잡고 있다.

조셉 스티글리츠는 그의 저서에서 "대출과 차입이 지나치게 금융 시스템을 지배하면 경제는 더욱 취약해질 수 있다"고 지적한 바 있다. 엔케리 트레이드가 바로 그러한 시스템적 취약성을 반영하는 사례다. 일본의 금리 인상, 유가 상승, 환율 변동 등의 작은 변화는 글로벌 금융 시장에 예기치 못한 충격을 줄 수 있다. 그 충격이 어느 순간 터질지는 아무도 예측할 수 없다는 점이 엔케

CHAPTER 2
지정학적 위기와 투자의 '묘수'

리 트레이드의 가장 큰 리스크다.

제로 금리 시대의 투자는 이제 끝난 게 아닐까. 앞으로의 중립 금리의 수치는 어디로 향할까?

엔케리 트레이드는 오랫동안 금융 시장에서 기회를 제공해왔지만, 지금은 그 경계에 서 있다. 금리 차이와 유가 상승, 엔화 가치 변동성 등 여러 요인들이 복합적으로 얽히면서 투자자들에게 더 큰 불확실성을 안겨주고 있다.

엔케리 트레이드는 현재 금융 시장의 복잡성과 불확실성을 극명하게 보여주는 상징적인 사례다. 기회와 위기 사이에서 투자자들은 신중하게 판단해야 할 시점이다.

CHAPTER 2
지정학적 위기와 투자의 '묘수'

★★★

미국의 패권이
쇠퇴할 수도 있다

한때 세계 질서의 절대적인 지배자였던 미국. 20세기 후반 냉전 종식 이후, 미국은 글로벌 정치와 경제의 정점에 서 있었다. 하지만 2024년에 접어든 지금, 미국이 더 이상 예전의 패권국 자리에서 밀려나고 있다.

중국의 부상, 달러 패권의 약화, 지정학적 리더십의 쇠퇴, 그리고 내부적 갈등이 얽히면서 강대국의 지형도가 바뀌고 있는 것이다.

중국, 새로운 강대국의 도전

미국이 패권국에서 밀려나는 첫 번째 신호는 중국의 급부상이다. 중국은 몇 십 년 만에 세계 경제에서 놀라운 성장을 이루며 미국의 패권에 도전하는 강력한 경쟁자로 떠올랐다. 2023년 기준, 중국의 GDP는 17조 달러로 세계 2위에 자리잡았다. 2022년만 해도 중국의 경제 성장률은 4.5%에 달했으며, 이는 미국보다 훨씬 빠른 속도였다.

중국은 단순히 경제 성장에 그치지 않았다. 일대일로(一帶一路) 전략*을 통해 전 세계 여러 지역에 투자하고

---

* 중국이 주도하는 거대한 글로벌 인프라 및 경제 협력 프로젝트로, 2013년 중국 국가주석 시진핑에 의해 처음 제안되었다. 육상과 해상을 잇는 두 개의 주요 축으로 구성되어 있으며, 중국과 아시아, 아프리카, 유럽을 연결하는 교통망, 에너지 인프라, 무역 루트를 확장하고자 하는 목적을 가지고 있다

CHAPTER **2**
지정학적 위기와 투자의 '묘수'

영향력을 확대했다. 아프리카에서 중동, 남미에 이르기까지, 중국은 도로와 항만을 건설하고 자원을 투자하며 자국의 경제적 지배력을 넓혀가고 있다. 이는 단순한 경제적 협력을 넘어 세계 질서에서 중국이 새로운 리더로 자리 잡으려는 명백한 움직임이다.

경제학자 조셉 나이(Joseph Nye)는 "중국의 부상은 그 자체로도 중요하지만, 미국이 주도해온 국제 질서에 도전하는 첫 단계"라고 분석한다. 중국이 경제뿐 아니라 외교와 군사적으로도 세계에서 독자적인 위치를 확립하면서, 미국의 지배력이 상대적으로 약화되고 있음을 보여주는 것이다.

달러 패권의 위기

미국 패권의 상징 중 하나는 단연 달러다. 세계 무

역에서 사용되는 대부분의 결제는 달러로 이루어지고 있으며, 글로벌 외환 보유고의 60% 이상이 달러로 보유되어 있다. 하지만 최근 몇 년간, 달러 패권도 위협받고 있다.

브릭스(BRICS) 국가들이 중심이 되어 대체 통화를 모색하고 있는 것은 그 신호 중 하나다. 중국은 디지털 위안화를 통해 자국 통화의 국제적 입지를 확대하고 있으며, 2022년 중국의 디지털 위안화 결제액은 600억 달러를 넘어서면서 미국 달러에 대한 의존도를 줄이는 모습이다. 세계 경제가 점차 다극화되는 과정에서, 달러의 지위도 예전만큼 절대적이지 않다는 사실이 점점 드러나고 있다.

JP모건의 CEO 제이미 다이먼은 "디지털 통화가 급속도로 확산되면서 달러의 패권이 흔들릴 수 있다"고

경고했다. 달러는 더 이상 세계 경제를 지배하는 유일한 통화가 아니며, 특히 디지털 통화의 발전은 글로벌 금융 시스템에 새로운 변화의 바람을 불어넣고 있다. 이는 단순한 경제적 변화가 아닌, 미국 패권의 근간이 위협받고 있음을 시사한다.

다극화된 세계로의 전환

미국이 세계에서 군사적, 외교적 리더십을 지켜온 것은 오랜 전통이다. 그러나 최근 들어 이러한 리더십도 약화되고 있다. 대표적인 예로 러시아-우크라이나 전쟁을 들 수 있다. 미국은 이 전쟁에서 러시아를 경제적으로 고립시키기 위해 막대한 제재를 가했지만, 중국과 인도, 그리고 다른 개발도상국들이 여전히 러시아와 경제적 관계를 유지하고 있다.

특히 중국과 러시아의 밀월 관계는 미국의 외교적 리더십에 큰 타격을 주고 있다. 과거에는 미국이 국제적 갈등을 조정하고 해결하는 주체였다면, 이제는 중국이 러시아와 협력하며 미국의 영향력을 견제하고 있다. 이와 함께 유럽연합(EU)이나 인도 같은 지역 강대국들이 더 독립적인 외교 노선을 취하면서 미국 중심의 세계 질서가 서서히 다극화되고 있다.

국제 정치 전문가 리처드 하스는 "과거 미국은 모든 글로벌 문제의 해결사였다. 그러나 지금은 여러 강대국이 독립적인 힘을 가지고 협력과 대립을 병행하는 시대가 도래했다"고 평가한다. 이는 더 이상 미국이 모든 국제 문제를 주도하지 않음을 의미하며, 새로운 지정학적 질서가 형성되고 있음을 보여준다.

미국을 약화시키는 정치적 갈등

CHAPTER 2
지정학적 위기와 투자의 '묘수'

미국의 패권이 약화되고 있다는 또 다른 중요한 이유는 내부적 문제다. 2020년 대선 이후 미국은 극단적인 정치적 양극화를 겪고 있다. 공화당과 민주당 간의 갈등은 단순한 정치적 대립을 넘어 사회적 분열로 이어지고 있다. 이러한 내부 갈등은 미국의 국제적 영향력을 제한하는 중요한 요인으로 작용한다. 정치적 혼란 속에서 미국은 세계 무대에서 일관된 리더십을 보여주지 못하고 있다.

또한, 경제적 부담도 미국 패권을 약화시키고 있다. 2023년 기준, 미국의 국가 부채는 약 33조 달러에 이르렀으며, 이는 미국 경제에 커다란 짐이 되고 있다. 인플레이션, 고금리, 그리고 과도한 부채는 미국의 경제적 역량을 점점 더 제약하고 있으며, 장기적으로는 경제 성장을 둔화시킬 가능성이 크다. 이러한 경제적 불안정성은 군사력과 외교적 리더십을 유지하는 데 필요한 재정적 여력도 감소시키는 요인이 된다.

  노벨 경제학상 수상자 폴 크루그먼은 "정치적 분열과 경제적 부담은 미국이 패권국으로서의 지위를 유지하기 어려운 상황을 만든다"고 경고한다. 이러한 내부적인 문제들이 해결되지 않는 한, 미국이 외부의 도전에 효과적으로 대응하기는 쉽지 않을 것이다.

  미국이 과거의 절대적 패권국 지위를 잃어가고 있다는 것은 더 이상 과장된 우려가 아니다. 중국의 부상, 달러 패권의 약화, 다극화된 국제질서, 그리고 내부 정치적 갈등과 경제적 부담은 모두 미국이 예전처럼 세계를 지배하지 못할 것이라는 사실을 뒷받침하고 있다.

  물론 미국이 완전히 패권을 상실한다는 의미는 아니다. 미국은 여전히 세계 최대의 경제 대국이자 군사력

CHAPTER 2
지정학적 위기와 투자의 '묘수'

을 보유한 강대국이다. 다만, 세계가 점점 더 다극화되고 복잡해지면서 미국은 새로운 역할을 찾아가야 할 것이다. 미국은 이제 혼자서 세계를 이끌기보다는, 다양한 강대국과 협력하며 새로운 글로벌 리더십을 구축해야 할 시점에 와 있다.

★★★

금, 안전자산의 왕좌는 유지될 수 있을까

투자의 세계는 한순간도 고요하지 않다. 러시아-우크라이나 전쟁이 터졌을 때, 전 세계 투자자들은 갑작스러운 혼란에 빠져들었다. 전쟁은 단순한 국지적 충돌에 그치지 않았다. 국제 경제, 에너지 시장, 정치 질서까지 모두 뒤흔들었다. 그리고 이 혼란의 시기에 투자자들은 또다시 금을 주목하기 시작했다. 금은 오랜 세월 동안 불안정한 세상에서 피난처 역할을 해온 자산이다. 하지만 전쟁이 끝난 후에도, 금은 여전히 그 자격을 유지할 수 있을까.

불안 속의 피난처

러시아-우크라이나 전쟁이 발발하자마자 금은 빠르게 주목받았다. 불안정한 시기, 투자자들은 금에 눈을 돌린다. 2022년 초, 전쟁이 시작되면서 금 가격은 온스당 2,000달러에 가까워졌다. 이 수치는 단순한 숫자가 아니다. 불확실성의 시대, 금이 다시 한번 그 힘을 발휘했다는 상징이다.

왜 그럴까? 금은 중앙은행의 금리 정책에 휘둘리지 않는다. 주식이나 채권이 요동치는 시기에도 금은 비교적 안정적이다. 전쟁, 금융 위기, 또는 경제적 불안정성이 닥칠 때마다 금은 안전한 자산으로 다시 떠오른다. 블룸버그에 따르면, 2022년 전쟁 발발 후 금 관련 ETF에 대한 자금 유입이 두 배 이상 급증했다. 이는 투자자들이 전쟁이 장기화될 가능성을 염두에 두고 금에 더

많은 신뢰를 보였다는 것을 증명한다.

존 해트필드라는 경제학자는 "위기가 올 때마다 우리는 금으로 돌아간다"고 말한다. 금은 단순한 금속이 아니다. 불확실성 속에서 인간이 선택해온 오랜 보루인 것이다.

금리 인상과 인플레이션

그렇다고 금이 안전자산으로서 항상 완벽한 선택인 것만은 아니다. 인플레이션과 금리 인상이 금의 매력에 도전하고 있다. 러시아-우크라이나 전쟁은 에너지와 식료품 가격을 급등시키며 인플레이션을 자극했다. 이에 맞서 미국 연방준비제도(Fed)와 같은 주요 중앙은행들은 2022년과 2023년에 걸쳐 공격적으로 금리를 인상했다.

문제는 금리가 상승하면 금과 같은 비이자 자산에 대한 수요가 줄어들 수 있다는 점이다. 금은 이자를 주지 않기 때문에, 금리가 높아지면 이자 수익을 얻을 수 있는 다른 자산으로 자금이 이동할 가능성이 커진다. IMF는 "금리가 1%포인트 오를 때마다 금 가격은 평균적으로 5% 하락하는 경향이 있다"고 분석했다.

그럼에도 불구하고 금의 매력은 여전히 남아있다. 인플레이션에 대한 우려가 여전하기 때문이다. 통화 가치가 떨어질 때, 금은 그 가치를 잃지 않는다. OECD는 "세계 경제가 당분간 높은 인플레이션에 직면할 가능성이 크다"고 경고했다. 인플레이션 속에서 금은 여전히 통화 가치 하락을 방어할 수 있는 중요한 자산으로 남을 것이다.

금의 미래

전쟁이 끝난다고 해서 세상이 평화로워지지는 않는다. 러시아-우크라이나 전쟁이 끝난다 해도, 다른 지정학적 갈등은 여전히 우리 앞에 있다. 중동의 갈등이나 미중 간의 긴장 같은 리스크는 쉽게 사라지지 않는다. 이 모든 불안정성은 금을 안전자산으로서 계속해서 중요한 역할을 맡을 수밖에 없다.

금은 역사적으로 전쟁, 정치적 혼란, 그리고 경제적 불확실성 속에서 가치가 상승했다. 세계가 혼란에 빠질 때마다 금은 그 중요성을 잃지 않았다. 리처드 하스, 국제 정치 분석가는 "세계 질서가 불안정할 때마다, 금은 그 중심에 있었다"고 말한다. 오늘날의 정치적 긴장은 금의 가치를 더욱 견고하게 만들었다.

당연한 말이지만 금은 혼자 왕좌를 지키고 있지 않다. 새로운 경쟁자가 등장하고 있다. 바로 비트코인과 같은 디지털 자산이다. 러시아-우크라이나 전쟁 중 비트코인의 가격이 상승하는 것을 보면, 금과 같은 안정 자산을 대체할 수 있는 새로운 선택지가 떠오르고 있음을 알 수 있다.

2022년, 전쟁이 발발한 직후 비트코인 가격도 상승하며 투자자들에게 또 다른 대안을 제공했다. 나스닥 보고서에 따르면, 비트코인은 '디지털 금'이라는 별명까지 얻었다. 이는 사람들이 비트코인을 금과 같은 안정 자산으로 보기 시작했다는 신호다.

물론 비트코인은 금과 비교할 때 여전히 높은 변동성을 지니고 있다. 그러나 디지털 자산이 급격히 성장하면서 투자자들은 금과 비트코인 사이에서 고민하기 시작했다. JP모건의 애널리스트 노아 윌리엄스는 "비트코인은 여전히 변동성이 크지만, 디지털 자산 시장의 발전은 금의 자리를 위협할 수 있다"고 경고했다.

영원한 자산의 길

금은 그 자체로 역사의 산물이다. 수천 년 동안 전쟁과 경제 위기 속에서 인간은 금을 선택했다. 그 이유는 금이 가진 희소성과 내구성, 그리고 보편적 가치 때문이다. 금은 변하지 않는다. 그리고 그것이 금의 가장 큰 힘이다.

그러나 현대 사회는 빠르게 변화하고 있다. 나오미 클라인 같은 경제학자들은 "디지털 혁명은 우리가 자산을 바라보는 방식을 근본적으로 바꾸고 있다"고 경고한다. 금과 같은 물리적 자산이 더 이상 절대적이지 않을 수도 있다는 것이다. 기술이 발전하고 새로운 금융 상품이 등장함에 따라, 금의 독점적 지위는 도전을 받을 것이다.

러시아-우크라이나 전쟁은 금이 여전히 안전자산으로서의 중요성을 지니고 있음을 확인시켜 주었다. 인플레이션, 지정학적 불안정성, 그리고 경제적 불확실성 속에서 금은 여전히 투자자들에게 피난처로 남아있다. 그러나 금이 과거만큼 절대적이지 않을 수도 있다. 디지털 자산의 부상과 글로벌 경제의 변화는 금의 지위를 도전받게 만들고 있다.

하지만 이 모든 변화에도 불구하고, 금은 그 자리를 쉽게 내주지 않을 것이다. 세상이 아무리 변해도 금은 여전히 안정적인 자산으로 남을 가능성이 크다. 전쟁이 끝난 뒤에도, 그리고 새로운 도전이 나타나더라도, 금은 언제나 그 중심에 있을 것이다.

핵심 내용 복습하기

○ 중동 전쟁과 유가 상승은 우리가 현재 경제 구조에서 얼마나 화석연료에 의존하고 있는지를 여실히 드러낸다. 이 문제를 더 깊이 들여다보면, 단순한 경제적 논리를 넘어선 철학적인 딜레마가 있다. 나오미 클라인이 지적했듯이, 기후 위기와 에너지 위기는 자본주의의 구조적 모순을 노출한다. 현대 경제는 석유라는 자원에 지나치게 의존하고 있으며, 그 의존도가 우리의 경제를 얼마나 취약하게 만드는지를 다시 한번 상기시켜준다.

이 상황을 쉽게 이해하기 위해 비유를 들어보자. 집을 지었는데 그 기둥이 너무 약한 재료로 만들어진 것이다. 여기서 말하는 재료가 바로 화석연료다. 중동이라는 지정학적으로 불안정한 지역에 우리의 경제 기둥을 세운 것이나 다름없다. 기둥이 흔들릴 때마다 전 세계 경제는 지진을 겪게 되는 셈이다. 중동에서 불거진 전쟁은 이 기둥이 얼마나 취약한지를 다시금 보여준다.

○ 미국이 패권국에서 밀려나는 첫 번째 신호는 중국의 급부상이다. 중국은 몇 십 년 만에 세계 경제에서 놀라운 성장을 이루며 미국의 패권에 도전하는 강력한 경쟁자로 떠올랐다. 2023년 기준, 중국의 GDP는 17조 달러로 세계 2위에 자리잡았다. 2022년만 해도 중국의 경제 성장률은 4.5%에 달했으며, 이는 미국보다 훨씬 빠른 속도였다.

중국은 단순히 경제 성장에 그치지 않았다. 일대일로(一帶一路) 전략 중국이 주도하는 거대한 글로벌 인프라 및 경제 협력 프로젝트로, 2013년 중국 국가주석 시진핑에 의해 처음 제안되었다. 육상과 해상을 잇는 두 개의 주요 축으로 구성되어 있으며, 중국과 아시아, 아프

리카, 유럽을 연결하는 교통망, 에너지 인프라, 무역 루트를 확장하고자 하는 목적을 가지고 있다

○ 금은 중앙은행의 금리 정책에 휘둘리지 않는다. 주식이나 채권이 요동치는 시기에도 금은 비교적 안정적이다. 전쟁, 금융 위기, 또는 경제적 불안정성이 닥칠 때마다 금은 안전한 자산으로 다시 떠오른다. 블룸버그에 따르면, 2022년 전쟁 발발 후 금 관련 ETF에 대한 자금 유입이 두 배 이상 급증했다. 이는 투자자들이 전쟁이 장기화될 가능성을 염두에 두고 금에 더 많은 신뢰를 보였다는 것을 증명한다.

CHAPTER
3

미 대선 이후의 주식 투자 시나리오

미국 대선 이후의 주식 시장은 미국의 외교 정책 변화에 따라 크게 영향을 받을 수 있다. 미중 무역 갈등, 러시아-우크라이나 전쟁, 중동 불안정과 같은 국제적 리스크는 여전히 존재한다. 그리고 대선 결과에 따라 이러한 리스크는 더 강화되거나 완화될 수 있다.

CHAPTER 3
미 대선 이후의 주식 투자 시나리오

★ ★ ★

불확실성 속에서
기회를 찾는 법

2024년 미국 대선 이후, 정치적, 경제적 불확실성이 고조되는 이 시기에 많은 투자자들이 궁금해하고 있다. 과연 대선 이후 주식 시장은 어떤 흐름을 보일까? 매번 미국 대선은 세계 경제와 금융 시장에 엄청난 영향을 미쳤다. 그리고 이번 대선 역시 그 결과에 따라 시장의 흐름이 크게 달라질 것이다.

불확실성은 기회다. 당신이 주식 시장에서 성공적인 투자를 하고자 한다면, 먼저 그 속에 숨어 있는 기회를 볼 줄 알아야 한다.

공화당 집권과 경제정책의 전환

2025년 초, 미국의 경제 정책은 대대적인 전환점을 맞이할 가능성이 높다. 도널드 트럼프 전 대통령의 재선은 단순한 권력의 이동을 넘어, 미국 경제의 방향성을 다시금 "미국 우선주의"로 재설정하는 신호탄이 될 것이다. 2017년부터 2021년까지의 트럼프 행정부는 감세, 규제 완화, 보호무역주의라는 세 가지 기둥 위에 경제 정책을 세웠다. 이번에도 비슷한 접근법이 채택될 것이라는 분석이 지배적이다.

감세와 기업 중심 정책의 부활

트럼프 행정부는 과거 법인세율을 35%에서 21%로 낮추며 '성장 촉진'이라는 이름의 대규모 감세 정책을 시행한 바 있다. 그는 이를 통해 GDP 성장률과 고용 창출 효과를 부각시켰다. 재임 시 공약으로 내걸었던 추가 감세와 개인 소득세 구조의 단순화가 현실화된다면, 고소득층과 기업이 가장 큰 수혜를 입을 가능성이 크다.

그러나 반대 진영은 이미 불균형적인 세수 감소와 국가 부채의 증가를 우려하고 있다. 현재 33조 달러에 달하는 국가 부채가 더욱 가속화된다면, 2030년대의 경제 안정성은 심각한 도전에 직면할 것이라는 경고도 나온다.

에너지와 제조업 부흥

트럼프는 과거 임기 동안 '에너지 독립'을 외치며 석유, 석탄 등 전통 에너지 산업을 부활시키려 했다. 트럼프 2.0 시대에는 이와 같은 정책의 강화로 이어질 가능성이 크다. 친환경 에너지 전환에 속도를 내던 바이든 행정부의 정책은 "에너지 우선"이라는 명분 아래 상당 부분 뒤집힐 수 있다.

특히 제조업 부흥을 위한 관세 정책과 산업 보조금이 다시 활성화될 가능성이 높다. 이는 중국과의 긴장감을 다시 고조시키며 글로벌 공급망에 영향을 미칠 수 있다. 또한, 미국 내 특정 산업에 단기적인 일자리 창출 효과를 가져올 수 있지만, 동맹국들과의 무역 마찰 역시 심화될 수 있다.

금리 정책의 새로운 변수

금리 정책도 눈여겨볼 필요가 있다. 트럼프 전 대통령은 과거 연방준비제도(Fed)와의 긴밀한 협력보다는 압박을 통해 금리를 낮추려는 모습을 보였다. 이번에도 유사한 접근법이 예상된다. 연준이 독립성을 유지하면서 금리 인하 요구를 거부한다면, 갈등이 불가피할 것으로 보인다. 이는 금융시장에 단기적인 불확실성을 초래할 수 있다.

CHAPTER 3
미 대선 이후의 주식 투자 시나리오

주변국들과의 관계에서도 트럼프는 동맹국들과의 무역 협상을 재조정하는 데 주력했다. 북미자유무역협정(NAFTA)을 USMCA로 개정했던 사례처럼, 무역 협정을 대대적으로 재구축하려는 시도가 다시 나타날 것으로 보인다. 이는 일부 동맹국에게는 불리한 협상 조건으로 작용할 수 있으며, 미국이 장기적으로 경제적 고립을 자초할 위험도 존재한다.

경제 정책의 양면성과 중산층의 과제

트럼프의 경제 정책은 단기적으로는 성장과 고용을 부추길 가능성이 있지만, 중장기적으로는 불평등 악화와 재정적 리스크를 키울 수 있다. 특히 중산층은 감세로 인한 간접적인 혜택과 동시에 공공서비스 축소와 같은 부작용을 체감할 가능성이 크다.

결국, 2025년 공화당 집권 이후의 경제 정책은 감세와 규제 완화를 통해 단기 성장을 촉진하겠지만, 불확실성과 격차 확대라는 위험도 피할 수 없다. 트럼프의 귀환이 가져올 변화는 미국 경제를 다시 한 번 시험대에 올려놓을 것으로 보인다.

연준의 금리 정책의 향방은?

대선 이후 주식 시장에서 놓칠 수 없는 또 하나의 중요한 변수가 있다. 바로 연준(Fed)의 금리 정책이다. 전 세계는 아직까지도 인플레이션과 씨름하고 있다. 연준은 인플레이션을 억제하기 위해 지속적으로 금리 인상을 단행했다가 최근에 피봇을 했다. 그리고 대선 이후에도 연준의 움직임은 시장에 지대한 영향을 미칠 것이다.

지금과 같은 고금리는 특히 성장주에 큰 타격을 준다. 왜냐하면, 금리가 오르면 이자 비용이 커지기 때문에, 미래의 이익이 기대되는 성장주는 그만큼 더 큰 부담을 안게 된다. 반면에 금리 인하가 시작되면 이야기는 완전히 달라진다. 저금리는 기술주와 같은 성장주의 반등을 이끌어낼 가능성이 크다.

예를 들어, 2008년 금융 위기 이후 연준이 금리 인하를 단행했을 때, S&P 500 지수는 그 후 3년 동안 35% 이상 상승했다. 금리 인하는 투자자들에게 다시 한번 시장에 뛰어들 기회를 제공할 수 있다. 이번 대선 이후에도 비슷한 흐름이 나타날 수 있다면, 성장주에 눈을 돌릴 때다.

트럼프 정권이 미국 경제와 증시에 미칠 영향

트럼프의 경제 정책을 예측할 수 있는 한 포인트는 바로 JD 밴스의 부통령직 임명이다. 이는 공화당의 경제정책 방향성에서 중요한 전환점이 될 가능성을 내포하고 있다. 벤처투자자 출신이자 <힐빌리의 노래>의 저자이기도 한 밴스는 노동계급의 어려움을 이해하는 정치인으로 알려져 있다. 그는 전통적인 보수주의 경제정책과는 다른 "경제적 민족주의"의 색채를 띠고 있으며, 이념적으로 도널드 트럼프의 "미국 우선주의"와 결을 같이한다. 이러한 트럼프의 선택은 미국 경제정책과 증시에 몇 가지 새로운 변화를 가져올 수 있다.

1. 노동 중심 경제정책과 제조업 회복

JD 밴스는 러스트벨트 출신으로, 중산층과 노동계급의 경제적 어려움을 중심으로 한 메시지를 강조해왔다. 그의 부통령직은 제조업 부활과 국내 일자리 창출에 초점을 맞춘 정책이 강화될 것임을 시사한다.

이러한 정책은 다음과 같은 영향을 미칠 수 있다:

보호무역 강화: 밴스는 중국을 비롯한 해외 경쟁국과의 무역 관계를 재조정하고, 미국 제조업을 보호하기 위한 관세 정책을 지지할 가능성이 높다. 이는 특정 산업(철강, 자동차 등)의 단기적인 주가 상승을 유도할 수 있지만, 글로벌 공급망의 불확실성을 초래해 수출 중심 기업들에는 부정적으로 작용할 수 있다.

산업 보조금 확대: 국내 산업을 지원하기 위해 정부가 보조금을 늘릴 경우, 기업의 생산성이 단기적으로 개선될 가능성이 있지만, 이는 장기적으로 재정적 부담으로 이어질 위험이 있다.

2. 기술과 벤처 캐피털에 대한 친화적 접근

벤처캐피털 출신으로서 밴스는 기술 혁신과 스타트업 생태계를 지원하는 정책에도 우호적일 가능성이 높다. 그러나 그의 기술 정책은 단순한 혁신 지원을 넘어,

미국 내 기술의 자급자족을 강조하는 방향으로 흘러갈 수 있다.

특히 밴스는 대형 기술 기업에 대한 비판적인 입장을 보여왔기 때문에, 기술 기업들에 대한 규제가 강화될 가능성이 있다. 이는 메가캡 기술주(FANG 주식 등)에 단기적인 압박 요인이 될 수 있다.

밴스는 기술 중심의 경제 성장을 주요 도시에만 집중시키지 않고, 러스트벨트와 같은 낙후된 지역으로 분산시키는 정책을 추진할 가능성이 있다. 이는 지역 경제 활성화에는 기여할 수 있지만, 효율성 문제와 비용 상승의 우려를 부추기고 있다.

금융 규제와 연준과의 관계

트럼프의 경제 정책 중 눈여겨봐야 할 부분이 바로

연준과의 관계다. 이는 밴스가 은행 규제 완화에 회의적인 입장인 점에서 힌트를 얻을 수 있다. 그는 2008년 금융위기를 초래한 월가의 탐욕과 구조적 불균형에 대해 강도 높은 비판을 가해왔다. 이러한 입장은 금융주, 특히 대형 은행들의 주가에 영향을 미칠 수 있다.

대형 금융 기관보다 지역 은행과 중소 금융기관을 우선시하는 정책이 등장할 수 있다. 이는 지역 경제 활성화에는 긍정적일 수 있지만, 대형 은행과 글로벌 금융 시스템에 긴장감을 조성할 가능성이 있다.

특히 밴스는 금리 정책에 대해 연준과 긴밀한 협력을 지지할 가능성이 크지만, 금리 인하 압박보다는 금융 안정성에 무게를 둘 가능성이 높다. 이는 인플레이션 통제와 성장 간 균형을 유지하는 데 초점이 맞춰질 것이다.

2025년 미국 주식의 향방은?

밴스의 정책은 전반적으로 "선택적 호재"를 불러올 가능성이 있다. 특정 산업(제조업, 지역 은행, 중소기업 등)은 긍정적인 영향을 받을 수 있지만, 글로벌화에 민감한 산업과 대형 기술주는 불확실성에 직면할 가능성이 크다.

단기적으로는 제조업과 에너지 주식의 상승, 기술주와 금융주의 압박을 받을 것이다. 장기적으로는 관세 정책과 산업 보조금으로 인한 글로벌 무역 긴장, 증시 변동성 증가를 포함해 경제적 민족주의가 투자 환경을 제한하고, 재정적 지속 가능성을 저해할 위험도 있다.

다음은 미국 경제학자들이 우려하는 미국 금융 시장의 우려 요소다.

1. 재정적 지속 가능성이 있다.

노동계급 지향 정책과 보조금 확대는 연방정부의 재정 부담을 가중시킬 가능성이 있다.

2. 글로벌 경쟁력이 약화될 우려가 존재한다.
보호무역 강화는 미국의 혁신 경쟁력을 약화시키고, 외국 투자자들의 신뢰를 흔들 수 있다.

3. 정치적 불확실성을 경계해야
트럼프와 밴스 간 정책적 균형이 깨질 경우, 내각 내 갈등이 증폭되어 경제정책의 일관성을 해칠 위험이 있다.

JD 밴스 부통령의 등장은 미국 경제정책에 새로운 색채를 더할 것이다. 노동계급의 요구에 초점을 맞춘 경제정책은 국내 경제의 재조정을 시도하지만, 글로벌 시장의 신뢰와 경제적 효율성에 도전 과제를 남길 수 있다. 그의 정책이 증시에 가져올 영향은 산업별로 엇갈

릴 가능성이 크며, 장기적으로는 미국 경제의 구조적 방향성에 중요한 시험대가 될 것이다.

CHAPTER **3**
미 대선 이후의 주식 투자 시나리오

★★★
트럼프 2.0 시대,
우리는 무엇을 주목해야 하나

"트럼프 2.0"이라 불리는 경제 전망은 그의 첫 임기 동안 시행된 감세 정책, 규제 완화, 그리고 무역 전쟁의 여파를 상기시키며 시장에 큰 파장을 예고하고 있다.

감세와 인프라 투자: 성장 가능성을 주목하라

트럼프의 주요 경제 공약 중 하나는 감세와 대규모 인프라 투자다. 과거 2017년 세제개혁법(Tax Cuts and Jobs Act)을 떠올려보자. 당시 법인세를 35%에서 21%로 대

폭 낮췄고, 이는 주식시장의 폭발적 상승을 견인했다. S&P 500은 그의 취임 첫해에만 약 19% 상승했다. 이번에도 비슷한 조치가 기대된다면, 건설, 재생 에너지, 그리고 기술 기반 제조업에 주목할 필요가 있다.

뉴욕대 경제학 제임스 윌킨슨 교수는 "트럼프의 정책은 단기적으로 경기 부양 효과를 가져올 수 있지만, 이는 부채 부담을 증가시키는 양날의 검이 될 수 있다"고 경고했다. 실제로, 2019년 미국의 연방 부채는 GDP 대비 106%로 사상 최고치를 기록하며, 감세의 부작용이 현실화된 바 있다. 따라서 투자자들은 경기 민감 업종에서의 기회를 모색하되, 기업의 부채 비율과 유동성에도 주의를 기울여야 한다.

달러 강세와 무역 긴장

트럼프의 무역정책은 미중 관계를 중심으로 한 세계 경제에 중요한 변수로 작용할 전망이다. 2018년과 2019년, 트럼프 행정부의 대중 관세 부과는 국제 무역에 혼란을 초래했고, 이는 미국 달러화 강세로 이어졌다. 과거의 사례에 비춰보면, 달러가 강세를 보이면 신흥 시장이 큰 타격을 받을 가능성이 높다.

현재 달러 지수(DXY)는 104포인트를 기록하며 강세를 유지하고 있다. 이에 따라 전문가들은 글로벌 포트폴리오 분산을 강력히 추천한다. 골드만 삭스의 보고서는 "미국 외 지역, 특히 동남아시아와 유럽의 안정적이고 혁신적인 기업에 투자하는 것이 변동성을 헤지하는 데 효과적"이라고 밝혔다. 투자자들은 대형 멀티내셔널 기업이나 ETF를 통해 이러한 시장에 접근할 수 있다.

안전자산의 귀환

트럼프 시대의 불확실성은 안전자산의 가치를 다시 한번 부각시킬 수 있다. 특히 금은 2023년 10월 말 기준 온스당 2,050달러로 역사적 고점에 근접해 있다. 트럼프의 보호무역주의와 지정학적 긴장은 금과 같은 안전자산의 수요를 더욱 증가시킬 가능성이 높다.

JP모건의 수석 투자 전략가 엘리자베스 콜린스는 "금은 단순한 피난처 이상의 역할을 한다. 이는 달러화의 약세나 시장의 변동성 확대에 대비한 중요한 헤지 도구"라고 설명했다. 투자자들은 포트폴리오의 5~10%를 금이나 금 관련 ETF로 구성할 것을 고려해야 한다.

또한, 미국 국채 수익률은 연방준비제도(Fed)가 긴축 정책을 지속적으로 완화할 경우 매력적인 수익을 제공할 수 있다. 10년물 국채 수익률은 현재 4.6%로, 인플레이션 완화와 함께 안정적인 수익원이 될 가능성이 크다.

CHAPTER 3
미 대선 이후의 주식 투자 시나리오

트럼프 행정부는 에너지 자립을 강조하며 전통적인 화석연료 산업에 강한 지지를 보인 바 있다. 만약 이러한 정책이 부활한다면 석유와 천연가스 관련 주식은 단기적으로 반등할 가능성이 크다. 하지만 장기적으로는 ESG(환경, 사회, 지배구조) 투자 트렌드와 글로벌 탈탄소화 흐름에 역행할 수 있으므로, 투자자들은 신중을 기해야 한다.

기술주는 높은 변동성에도 불구하고 지속적인 성장 가능성을 지닌 분야다. 특히 인공지능(AI)과 클라우드 컴퓨팅은 기업 생산성 향상과 비용 절감을 동시에 가져오는 핵심 요소로 주목받고 있다. 예컨대, 엔비디아(NVIDIA)는 AI 칩 수요 증가로 2023년 한 해 동안 주가가 150% 이상 상승했다.

트럼프 2.0 시대는 기회와 도전이 공존하는 시기가 될 것이다. 투자자들은 과거의 데이터를 참고하되, 정책 변화와 시장 반응을 민첩하게 따라가는 유연한 전략이 요구된다. 포트폴리오를 구성할 때는 고수익 자산과 안전 자산의 균형을 유지하고, 글로벌 분산을 통해 리스크를 최소화하는 것이 중요하다.

CHAPTER **3**
미 대선 이후의 주식 투자 시나리오

★★★
트럼프가 비트코인의 승부수를 띄운 이유

최근 경제계에서는 트럼프가 비트코인과 블록체인 기술에 점차 관심을 보이고 있다는 점이 주목을 받고 있다. 기존에는 전통적인 자산인 금과 부동산을 선호하던 트럼프의 행보와는 상반되는 듯 보이는 트럼프의 관심은 단순한 변덕이 아니다. 이는 글로벌 금융의 지형 변화와 정치, 경제, 기술 혁신이 얽힌 복잡한 계산의 결과로 볼 수 있다.

금에서 디지털 금으로: 트럼프의 투자 변화

트럼프는 전부터 "부동산은 주식보다 낫다. 왜냐하면 만질 수 있기 때문이다"라고 언급했듯이, 전통적인 자산인 부동산과 금을 강하게 지지해왔다. 그러나 디지털 금으로 불리는 비트코인이 그에게 매력적으로 비춰진 건 시대적 흐름에 따른 변화로 볼 수 있다. 에릭 트럼프는 최근 블록체인 기반 벤처에 관심을 표명했으며, 이방카 트럼프는 공적인 자리에서 디지털 혁신의 중요성을 암시한 바 있다.

2023년, 한 탐사 보도에 따르면 트럼프 그룹은 델라웨어에 설립된 한 유령회사를 통해 약 1,500만 달러를 비트코인 채굴 사업에 투자한 것으로 드러났다. 이는 트럼프 그룹 전체 포트폴리오에서 작은 비중을 차지하지만, 그들의 투자 전략이 변화하고 있음을 시사한다.

컬럼비아 대학교 금융경제학 교수 레이첼 샌더슨은 "트럼프의 비트코인 진입은 단순한 포트폴리오 다각화를 넘어, 새로운 금융 시스템이 떠오르고 있음을 인정하는 행보"라고 분석했다. 트럼프 가족은 시장에서 항상 기회를 엿보는 실리적인 접근 방식을 가져왔으며, 비트코인의 탈중앙화된 속성은 중앙 권력에 대한 반감을 가진 트럼프의 철학과 의외로 잘 맞아떨어진다는 것이다.

정치적 계산도 고려한 듯

트럼프 가족의 비트코인 투자는 단순히 경제적인 투자로만 보기 어렵다. 이는 정치적인 의도와도 맞물려 있다. 비트코인은 트럼프 지지층의 핵심 집단―자유주의자, 반체제 보수주의자, 기술 친화적인 젊은 세대―에게 강하게 호소하는 자산이다. 이들에게 비트코인은 정부의 통제를 벗어난 자유를 상징하며, 이 점에서 트럼프의 정치 메시지와 일맥상통한다.

한편, 트럼프 본인은 대선 전 과거 인터뷰에서 "비트코인은 사기이며, 진짜 화폐가 아니다"라고 발언했지만, 그가 조용히 비트코인에 발을 들인 것은 그가 이번 대선에서 승리하기 위한 전략적 계산이 깔려 있었던 것으로 보인다. 그리고 이 전략은 성공했다. 시카고 대학 정치경제학자 제임스 필드는 "비트코인은 트럼프가 자신이 원하는 '새로운 미국의 경제'에 대한 상징적 메시지를 전달하는 데 사용할 수 있는 유력한 도구"라고 말했다.

수치로 보는 트럼프의 비트코인 행보

트럼프 그룹이 투자한 비트코인 채굴 사업의 핵심은 미국 텍사스 지역에 위치한 대형 데이터 센터이다. 해당 센터는 초당 500 페타해시(petahash)의 채굴 속도를 자랑하며, 이는 약 1,000 BTC를 월간 채굴할 수 있는 규모이다. 이 비트코인의 현재 시가로 환산하면 약 3천만 달러의 가치를 지닌다(2024년 11월 기준, 비트코인 1개 가격 약 3만 달러).

    이외에도 트럼프의 블록체인 관련 투자 중 하나는 탈중앙화 금융(DeFi) 프로젝트를 포함하고 있다. 이 프로젝트는 중개자를 제거하고 스마트 계약 기반으로 대출 및 금융 서비스를 제공하는 것이 목표다. 골드만 삭스 디지털 자산 분석가인 사라 킴은 "트럼프의 투자 방식은 그가 새로운 금융 혁신에서 리스크를 감수하면서도 잠재적인 수익을 극대화하려는 의도를 보여준다"고 말했다.

★ ★ ★

트럼프는 왜
일론 머스크를 앞세울까

   도널드 트럼프 미국 대통령 당선인은 2024년 11월 13일, 일론 머스크 테슬라 최고경영자(CEO)를 신설된 '정부효율부(Department of Government Efficiency, 약칭 DOGE)'의 수장으로 임명했다.

   이 부서는 정부 관료주의 해체, 과도한 규제 철폐, 낭비성 지출 삭감, 연방 기관 재구조화를 목표로 하는 부서다. 한때는 갈등과 대립의 순간도 있었지만, 전략적인 측면에서 두 사람의 이해관계는 교차하고 있으며, 이는 잠재적인 트럼프 2.0 시대의 경제 정책 방향에 중요한 단서를 제공한다. 머스크와 트럼프는 전혀 다른 이미지를 가지고 있지만, 제조업, 에너지, 기술이라는 공통의 관심사가 그들의 관계를 묶는 접점이 되고 있는 것이다.

역사적 맥락: 대립에서 협력으로

트럼프가 대통령직을 수행하던 첫 임기 동안, 머스크는 정부와 복잡한 관계를 유지했다. 2017년 트럼프가 파리기후협정 탈퇴를 선언했을 때 머스크는 대통령 자문단에서 사임하며 공개적으로 비판했다. 하지만 이면에서는 머스크의 기업들이 트럼프 시대의 정책적 혜택을 톡톡히 누렸다.

테슬라는 전기차에 대한 연방 세액 공제 정책의 수혜를 받았으며, 스페이스X는 NASA와 국방부로부터 수십억 달러 규모의 계약을 따냈다.

특히 2018년 테슬라의 생산 목표 달성을 위해 트럼프 행정부의 관료들과 협력하며 공장을 운영할 수 있도록 지원을 받았다는 점은 머스크의 실용적인 접근 방식을 보여준다.

트럼프 2.0 시대에서의 협력 가능성

트럼프와 머스크는 핵심 산업에서 공통된 목표를 공유한다. 트럼프는 제조업과 에너지 독립을 강조하며 미국 중심의 경제 성장을 약속했으며, 이는 머스크의 테슬라와 스페이스X 같은 기업의 비전과도 일치한다. 특히 트럼프의 규제 완화 정책은 머스크의 기업 운영에 긍정적인 영향을 미쳤다. 트럼프의 첫 임기 동안, 테슬라는 공장 설립과 생산 확장을 가속화하며 2017년에서 2020년 사이 매출이 연평균 50% 이상 증가했다.

머스크 역시 최근 트위터(현재의 X)를 인수하며 언론과 정보의 자유에 대해 강조하는 한편, 공공 담론에서 반체제적인 목소리를 키우고 있다. 이는 트럼프의 반주류적 정치 메시지와도 닮아 있다. 머스크와 트럼프는 각자 자신의 분야에서 규범을 깨뜨리는 파괴자로 평가받지만, 이러한 공통점은 그들을 때로는 충돌하게 하면서도 협력의 가능성을 열어준다.

2023년, 머스크의 스페이스X는 미 정부로부터 33억 달러 이상의 계약을 체결하며 미국 우주 프로그램의 핵심 파트너로 자리 잡았다. 같은 해, 테슬라는 북미 전기차 시장 점유율의 62%를 차지하며 독보적인 위치를 유지했다. 한편, 트럼프는 전통적인 제조업에 주력했지만, 테슬라와 같은 혁신 기업의 성장 또한 "미국 우선주의" 경제 성과로 포장했다.

앞으로 머스크의 기업들은 정부와의 협력을 더욱 확대할 가능성이 있다. 에너지 정책 측면에서도 테슬라의 재생 가능 에너지 사업과 트럼프의 에너지 독립 기조는 상호 보완적이다. 테슬라는 현재 전 세계 배터리 저장 시장의 약 40%를 점유하고 있으며, 이는 트럼프의 에너지 전략과 맞물릴 수 있는 중요한 자산이다.

정치와 비즈니스의 교차점에서

트럼프와 머스크의 관계는 단순한 대립이나 협력을 넘어선 복잡한 상호작용으로 정의된다. 머스크는 트럼프의 정치적 논쟁성을 의식하면서도, 자신의 사업 확장을 위해 현실적으로 접근하는 전략을 취하고 있다. 반면 트럼프는 머스크와 같은 혁신가의 성과를 미국 경제의 성공 사례로 활용하고 있다.

트럼프와 머스크가 보여줄 상호작용은 미국 경제와

글로벌 산업 전반에 걸쳐 중요한 영향을 미칠 것이다. 이는 정치와 비즈니스의 교차점에서 이루어지는 대표적인 사례로 남을 것이다.

★ ★ ★

미국 내수와 수출 시장의 변화

트럼프가 앞세운 '미국 우선주의(America First)' 경제 정책은 이전 임기 동안 미국 내 제조업 부활과 무역 적자 해소를 목표로 했지만, 글로벌 공급망과 무역 구조에 광범위한 변화를 초래했다. 트럼프 2.0 시대가 현실화될 경우, 그의 정책은 내수와 수출 시장 모두에 복합적인 영향을 미칠 전망이다.

미국 내수 시장의 변화

보호무역주의의 강화 트럼프는 이전 임기 동안 관세 장벽을 높이며 내수 시장 보호를 최우선시했다. 중국산 제품에 부과된 평균 19.3%의 관세는 미국 내 제조업 활성화에 긍정적인 영향을 미쳤지만, 동시에 소비재 가격 상승으로 이어졌다. 2020년까지 미국 소비자 물가는 2.9% 상승했으며, 이는 중산층과 저소득층 가계에 부담으로 작용했다.

트럼프의 보호무역 정책은 단기적으로 미국 내 생산을 증가시키지만, 소비자들에게는 비용 상승을 초래한다. 또한 이러한 정책은 장기적으로 내수 시장의 구매력을 약화시킬 위험이 있다.

트럼프는 화석연료 생산 확대를 통해 에너지 독립을 강화했으며, 이는 내수 시장의 에너지 가격 안정화에 기여하기도 했다. 미국의 원유 생산량은 2016년 일일 880만 배럴에서 2020년 1,200만 배럴로 증가하며 세계 최대 생산국으로 부상했다. 이로 인해 에너지 집약적인 산업은 비용 절감 효과를 누렸지만, 재생에너지 산업은 정책적 지원 부족으로 성장에 제약을 받았다.

내수 제조업의 부흥 트럼프는 제조업체들의 국내 복귀를 독려하기 위해 세제 혜택을 제공했으며, 이는 긍정적인 결과를 낳았다. 2017년부터 2019년까지 미국 제조업 고용은 약 48만 개 증가하며 10년 만에 최고치를 기록했다. 그러나 글로벌 공급망 단절로 인해 생산 비용이 상승하면서, 제조업체들은 장기적인 경쟁력 문제에 직면했다.

미국 수출 시장의 변화

수출 둔화와 무역 적자 감소 트럼프의 관세 정책은 수출 둔화로 이어졌지만, 무역 적자를 줄이는 데는 일부 성공을 거두었다. 2016년 5000억 달러를 넘던 무역

CHAPTER 3
미 대선 이후의 주식 투자 시나리오

적자는 2019년 약 4000억 달러로 줄어들었다. 그러나 주요 무역 파트너국인 중국과의 갈등은 농산물과 자동차 수출에 타격을 주었다. 2018년, 중국은 미국산 대두 수입을 약 50% 줄였고, 이는 농업 의존 지역의 경제에 심각한 영향을 미쳤다.

FTA 재협상의 영향 트럼프는 기존의 다자간 무역협정 대신 양자 협상을 선호하며 북미자유무역협정(NAFTA)을 USMCA(미국-멕시코-캐나다 협정)로 대체했다. 새로운 협정은 자동차 산업에서의 생산 기준을 강화하며 미국 노동자들에게는 긍정적 효과를 가져왔지만, 무역 파트너들의 비용 부담은 증가했다. USMCA 발효 이후, 미국의 자동차 수출은 2020년 약 5% 감소했으나 내수 생산은 8% 증가했다.

반도체와 첨단기술 수출 트럼프는 첨단기술 분야에서 미국의 우위를 유지하기 위해 수출 규제를 강화했다. 중국 기업 화웨이에 대한 제재는 글로벌 반도체 공급망에 광범위한 영향을 미쳤으며, 미국 반도체 기업들도 중국 시장에서의 매출 감소를 경험했다. 2019년, 미국 반도체 산업의 중국 수출은 전년 대비 16% 감소했다.

트럼프 2.0 시대의 전망

미국 경제의 내수와 수출 시장은 다시금 그의 강경한 보호무역주의 기조 아래 놓일 가능성이 크다. 특히, 내수 시장은 단기적으로 제조업과 에너지 산업의 부흥을 경험할 수 있지만, 관세 인상과 글로벌 공급망 단절은 소비자 부담과 기업 경쟁력 약화로 이어질 수 있다.

트럼프 2.0 시대는 미국 경제의 내수 시장과 수출 시장에 명확한 변화를 가져올 것이다. 내수 시장은 제조업과 에너지 산업 중심의 성장 가능성을 내포하고 있지만, 소비자 비용 상승과 글로벌 경쟁력 약화의 위험을 안고 있다. 수출 시장은 무역 협정 재협상과 수출 규제 강화로 인해 도전에 직면할 가능성이 크다.

미국 경제는 트럼프 정책의 단기적 성과와 장기적 지속 가능성 사이에서 균형을 맞춰야 하며, 이러한 변화는 글로벌 경제와 미국의 주요 무역 파트너국들에게도 깊은 영향을 미칠 것이다.

트럼프 2.0 시대,
한국이 대비해야 할 미래

　트럼프의 주요 경제 정책은 보호무역주의와 에너지 독립 강화, 그리고 '미국 우선주의(America First)'로 요약되며, 이는 단기적으로는 미국 내 산업 활성화를 목표로 하지만, 한국과 같은 주요 동맹국 경제에는 혼란스러운 영향을 준다.

트럼프의 주요 경제 정책

보호무역주의와 관세 정책 강화 트럼프는 2016년 대

선 공약에서부터 미국 내 제조업 부흥을 최우선 과제로 내세웠으며, 이를 위해 관세 장벽을 강화하고 무역협정을 재협상했다. 특히, 중국에 대한 고율 관세 부과는 글로벌 공급망에 충격을 주었고, 한국을 포함한 동맹국들은 미국 시장 접근성을 유지하기 위해 FTA 재협상에 나설 수밖에 없었다.

전문가들은 트럼프가 재집권할 경우, 중국 외에도 동맹국들에 대한 무역 압박이 강화될 가능성을 제기하고 있다. 서울대학교 국제경제학 김정민 교수는 "트럼프의 무역 정책은 기본적으로 양자 협상에 초점을 맞추며, 다자주의보다는 양자 간 거래를 선호한다"라고 분석했다.

트럼프는 미국의 에너지 독립을 강조하며 화석연료 산업에 대한 규제를 대폭 완화했다. 석탄, 석유, 천연가스 생산 확대는 미국 내 에너지 가격을 낮췄지만, 전 세계 에너지 시장의 공급 과잉을 초래했다. 이는 우리나라와 같은 에너지 수입 의존 국가에 기회가 될 수도 있다.

달러 강세 정책 트럼프는 미국 경제 강화를 위해 달러 강세를 지지하며 글로벌 금융시장에서의 미국 지배력을 강화했다. 이는 미국 수출 기업에는 부담으로 작용했지만, 한국과 같은 수출 중심 경제에는 가격 경쟁력을 제공하는 요소로 작용했다.

한국 경제에 미치는 영향

에너지 수급 안정 트럼프의 화석연료 중심 에너지 정책은 한국의 에너지 조달 비용을 낮추는 데 기여할 수 있다. 한국은 천연가스의 약 60%를 해외에서 수입하며, 미국은 한국의 주요 액화천연가스(LNG) 공급국이다. 2023년 기준, 한국은 미국으로부터 약 100억 달러 규모의 LNG를 수입했으며, 트럼프의 정책이 이어질 경우 안정적인 공급이 가능할 전망이다.

무역 의존도 다변화 트럼프의 보호무역 정책이 강화

되더라도, 한국은 이미 미국과의 FTA를 재협상하며 주요 수출 품목의 관세를 낮추는 데 성공했다. 특히 자동차 및 전자제품 부문에서는 미국 시장에서의 점유율 확대 가능성이 존재한다.

반면 뚜렷한 리스크도 존재한다. 무역 압박 강화 트럼프는 한국과 같은 동맹국들에게도 무역 불균형 해소를 요구하며 강경한 자세를 취해왔다. 2018년 한국산 철강 제품에 대한 25% 관세 부과는 그 대표적인 사례다. 고려대학교 경제학과 이수현 교수는 "트럼프의 무역 정책은 동맹국들조차 미국의 이익에 철저히 종속되도록 강요하는 측면이 있다"고 지적했다. 이러한 상황은 한국의 주요 수출 품목에 부정적인 영향을 미칠 수 있다.

반도체 공급망 압력 트럼프는 중국을 견제하기 위해 글로벌 반도체 공급망을 재편하려는 움직임을 보였다. 한국은 세계 반도체 생산의 중심 국가로, 트럼프의 반중 전략에 협력하도록 압력을 받을 가능성이 크다. 이는 한국 기업들이 미·중 갈등 속에서 중립적인 입장을 유지하기 어렵게 만들고, 중국 시장에서의 경쟁력을 약화시킬 수 있다.

트럼프의 달러 강세 정책은 한국 원화의 평가절하를 초래할 수 있다. 이는 수출 기업에는 긍정적이지만, 한국의 외환 부채 부담과 에너지 수입 비용 증가로 이어질 수 있다. 2024년 기준으로 한국의 외환 보유고는 약 4,000억 달러 수준이지만, 글로벌 환율 불안정성은 경제 불확실성을 가중시킬 것이다.

트럼프 2.0 시대는 한국 경제에 새로운 기회와 도전을 동시에 제공할 것이다. 에너지 수급 안정과 미국 시장에서의 점유율 확대 가능성은 긍정적인 요소로 작용할 수 있지만, 무역 압박과 글로벌 공급망 재편의 부담은 한국 기업들이 직면해야 할 현실적인 문제다.

따라서, 한국은 트럼프 재집권 시기에 대비해 무역 협상을 강화하고, 에너지 및 기술 공급망을 다각화하는 데 주력해야 한다. 이러한 선제적 대응은 한국 경제가 변화하는 글로벌 환경 속에서도 안정적 성장을 이어갈 수 있는 열쇠가 될 것이다.

★★★

지금과 같은 불확실성 속에서는 현금을 보유해야만 한다

2024년 미국 대선 이후 경제와 정치적 불확실성은 날로 커질 것이다. 글로벌 경제는 이미 고인플레이션, 금리 인상, 그리고 지정학적 긴장으로 요동치고 있다. 이러한 불확실성의 시대, 투자자들은 고민에 빠진다. 지금 주식 시장에 더 깊이 뛰어들어야 할까? 아니면 잠시 현금을 보유하고 상황을 관망하며 기회를 기다려야 할까?

현금 보유는 특히 변동성이 큰 시기에 안전을 제공하

는 방어적 전략이지만, 그 안에 숨겨진 기회와 비용을 고려해야 한다. 현금을 보유하면 시장의 갑작스러운 충격에 대비할 수 있지만, 시장이 반등할 때 수익을 놓칠 수 있다는 양면성이 존재한다. 그렇다면, 현금 보유 전략은 어떤 상황에서 효과적일까?

기회는 준비된 자에게 온다

불확실한 경제 상황 속에서 현금 보유의 가장 큰 장점은 유동성을 확보할 수 있다는 것이다. 시장이 크게 하락하거나 예상치 못한 사건이 발생했을 때, 현금을 가진 사람은 그 변동성 속에서 기회를 포착할 수 있다.
  예를 들어, 2020년 코로나19 팬데믹 초기 주식 시장이 급락했을 때, 현금을 보유한 투자자들은 저평가된 주식을 매수할 수 있었고, 이후 큰 수익을 거뒀다. 이는 현금 보유의 강력한 힘을 보여주는 대표적인 사례다.

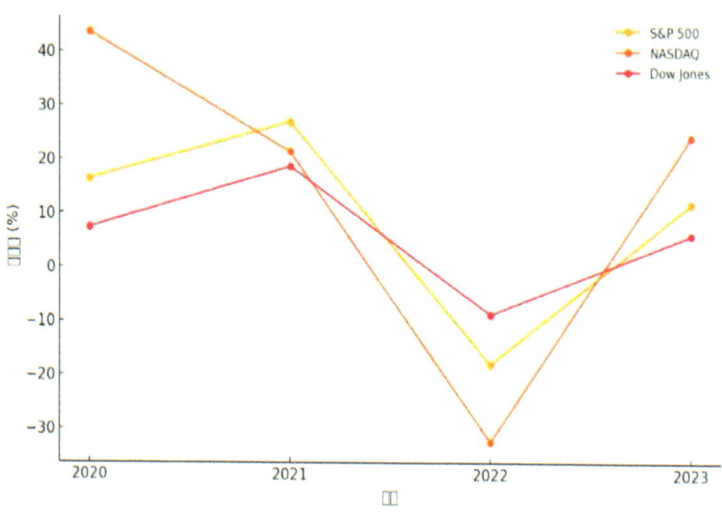

코로나 이후의 미국 주식 수익률. V자 반등에 성공했다.

워런 버핏은 "현금은 투자자의 선택권을 지켜준다"고 말하며, 시장의 변동성이 극심한 시기에는 특히 현금을 보유하는 것이 중요한 이유를 강조한다. 현금이 있으면 언제든 기회를 잡을 수 있는 준비가 되어 있는 것이다. 버핏이 버크셔 해서웨이에서 항상 충분한 현금

CHAPTER 3
미 대선 이후의 주식 투자 시나리오

을 보유하며 시장 저점에서 큰 기회를 잡았던 것처럼, 현금은 단순한 방어 수단을 넘어 큰 돈을 벌 수 있는 기회가 되기도 한다.

트럼프가 재집권할 경우, 시장은 다시 큰 변동성을 겪을 가능성이 크다. 트럼프의 정책은 미중 무역 갈등, 지정학적 긴장, 규제 변화 같은 요소들을 불러올 수 있으며, 이는 시장에 큰 영향을 미칠 수 있다. 그가 지난 임기 동안 부딪쳤던 무역 전쟁이 시장에 준 충격은 잊기 힘들다. 미중 간의 갈등이 격화되면서 주식 시장은 여러 번 급락했고, 경제적 불확실성은 극에 달했다.

JP모건 체이스의 글로벌 시장 전략가들은 "불확실성이 클수록 현금을 보유하는 것이 방어적 수단으로서 매우 중요하다"고 말한다. 현금을 보유하는 것은 단순히 투자하지 않는 것이 아니라, 변동성에 대비하고 기회를 기다리는 전략적 선택이다. 현금은 급격한 주식 시장의 하락을 피해 자산을 보호하고, 나중에 더 유리한 시점에 자산을 매수할 수 있는 유연성을 준다. 특히, 트럼프의 재집권이 초래할 수 있는 지정학적 리스크에 대비해 현금을 일부 보유하는 것은 중요한 방어 전략이 될 수 있다.

인플레이션과 기회비용의 덫

물론 그렇다고 해서 현금 보유가 항상 안전한 선택인 것만은 아니다. 현금의 가장 큰 단점은 인플레이션이다. 금리가 낮고 인플레이션이 가속화되면, 현금의 실질 구매력은 빠르게 하락할 수 있다.

특히 오늘날의 경제 상황에서, 인플레이션은 현금을 오래 보유하는 사람들에게 위험한 요소다. 2022년 미국의 인플레이션율은 40년 만에 최고 수준에 달했으며,

CHAPTER 3
미 대선 이후의 주식 투자 시나리오

이는 현금을 보유한 투자자들에게는 손해였다.

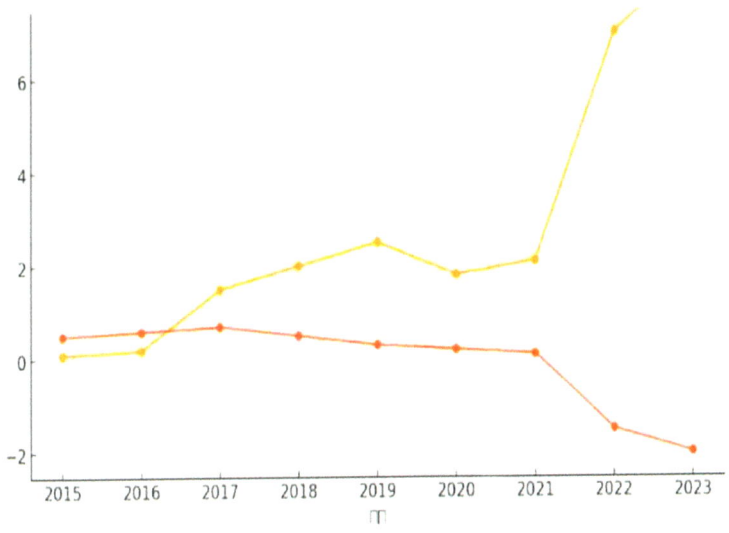

주황색은 인플레이션율, 노란색은 현금보유 수익률. 인플레이션율이 높아질수록 현금 보유 수익률이 감소하는 경향을 확인할 수 있으며, 특히 최근 몇 년간의 인플레이션 상승에 따라 현금 보유의 실질 수익률이 마이너스가 된다.

인플레이션이 5%일 경우, 1년 후에 100달러는 실제로 95달러의 가치밖에 되지 않는다. 현금을 오래 보유

하면 그만큼 구매력이 줄어들고, 이는 곧 자산 가치의 손실을 의미한다. 또한, 주식 시장이 반등하거나 상승할 때 현금을 지나치게 많이 보유하고 있으면, 그 상승 기회를 놓치게 된다. 이를 기회비용이라고 한다. 주식 시장이 장기적으로는 우상향하는 경향이 있기 때문에, 지나치게 보수적인 현금 보유는 수익을 얻을 기회를 잃게 만들 수 있다.

　현금 보유는 단순한 방어 전략이 아니다. 이는 불확실성 속에서 기다림을 선택하는 행위다. 존 메이너드 케인스는 "시장이 비이성적인 기간 동안 나는 자금을 충분히 보유할 수 있는가?"라고 강조했다. 이는 자본을 관리하는 능력이 시장에서 살아남는 데 얼마나 중요한지를 강조한 것이다. 현금은 불확실한 시대에 투자자에게 심리적 안정감을 제공하고, 시장이 혼란에 빠질 때 의사 결정을 보다 냉정하게 할 수 있는 시간을 준다.

현금은 또한 기회를 준비하는 도구다. 나심 탈레브는 그의 저서 블랙 스완에서 "예측할 수 없는 사건이 세상을 뒤바꿀 때, 준비된 자만이 기회를 잡을 수 있다"고 말한다. 현금은 예기치 못한 사건이 발생했을 때, 시장에서 기회를 빠르게 포착할 수 있는 능력을 제공한다. 현금은 그저 소극적인 자산이 아니라, 미래의 불확실성에 대처하기 위한 능동적인 준비 상태를 의미한다.

자산 배분의 유연성을 높이는 전략

현금을 보유할 때도, 균형 잡힌 비중이 중요하다. 지나치게 많은 현금을 보유하면 인플레이션의 위험과 기회비용을 감수해야 하지만, 너무 적은 현금을 보유하면 기회를 놓치거나 시장 변동성에 제대로 대응할 수 없다. 레이 달리오는 "현금은 단기적으로 중요한 자산이지만, 그것만으로는 충분하지 않다"고 말하며, 다양한 자산군에 대한 분산 투자를 강조한다.

일반적으로 자산 포트폴리오의 10~20%를 현금으로 보유하는 것이 적절할 수 있다. 이를 통해 시장이 급변할 때 빠르게 대응할 수 있는 유연성을 확보하면서도, 나머지 자산에 대한 투자를 통해 수익을 창출할 수 있다. 특히, 변동성이 커질 때 현금 비중을 늘리고, 시장이 안정될 때 다시 주식이나 다른 자산에 배분하는 전략이 필요하다.

현금 보유 외에도 금이나 채권과 같은 안정 자산에 투자하는 것도 하나의 대안이다. 금은 전통적으로 경제적, 정치적 불확실성이 클 때 안전 자산으로서의 역할을 해왔으며, 지정학적 리스크가 커질수록 그 가치는 상승할 가능성이 크다.

채권도 또 다른 안정 자산으로 고려해볼 만하다. 특

CHAPTER 3
미 대선 이후의 주식 투자 시나리오

히, 미국 국채는 금리 인상기에 더 높은 수익을 제공할 수 있으며, 상대적으로 안정적인 수익을 보장한다. 채권과 금은 현금과 함께 포트폴리오 내에서 리스크를 분산시키는 중요한 역할을 한다.

불확실성 속에서의 기회와 리스크

불확실성이 커질수록 현금을 보유하는 것은 중요한 방어 전략이다. 현금은 시장의 변동성에 대응할 수 있는 유연성을 제공하며, 예기치 못한 기회를 포착할 수 있는 준비 상태를 유지하게 해준다.

현금을 보유하는 것은 불확실한 시대에 기회를 기다리는 자의 선택이다. 하지만 기회는 준비된 자에게만 찾아온다. 현금 보유와 함께 유연한 자산 배분과 안정 자산에 대한 투자를 병행하는 것이 최선의 전략이 될 것이다. 시장의 혼란 속에서도 기회를 놓치지 않기 위해서는 현금과 자산의 균형을 맞추고, 장기적인 성장과 단기적인 안정성을 모두 고려하는 현명한 투자 전략을 세워야 할 것이다.

핵심 내용 복습하기

○ 밴스는 중국을 비롯한 해외 경쟁국과의 무역 관계를 재조정하고, 미국 제조업을 보호하기 위한 관세 정책을 지지할 가능성이 높다. 이는 특정 산업(철강, 자동차 등)의 단기적인 주가 상승을 유도할 수 있지만, 글로벌 공급망의 불확실성을 초래해 수출 중심 기업들에는 부정적으로 작용할 수 있다.

○ 트럼프가 재집권한다면 가장 먼저 주목할 것은 에너지 산업이다. 트럼프는 지난 임기 동안 석유, 가스, 셰일가스 산업을 강력하게 지원하며 화석 연료 산업에 새로운 활력을 불어넣었다. 그는 환경 규제를 대폭 완화하면서 에너지 기업들에게 더 많은 자유를 허용했다. 트럼프는 재생에너지보다 전통적인 에너지를 더 중요

하게 생각하며, 이 방향으로 정책을 추진할 가능성이 크다.

○ 불확실한 경제 상황 속에서 현금 보유의 가장 큰 장점은 유동성을 확보할 수 있다는 것이다. 시장이 크게 하락하거나 예상치 못한 사건이 발생했을 때, 현금을 가진 사람은 그 변동성 속에서 기회를 포착할 수 있다.

예를 들어, 2020년 코로나19 팬데믹 초기 주식 시장이 급락했을 때, 현금을 보유한 투자자들은 저평가된 주식을 매수할 수 있었고, 이후 큰 수익을 거뒀다. 이는 현금 보유의 강력한 힘을 보여주는 대표적인 사례다.

CHAPTER
4

2025년 위기에 투자 수익을 극대화하는 법

2025년, 경제 위기는 다가오는가? 불확실성의 시대, 우리는 무엇을 준비해야 할까? 2025년 경제 위기의 가능성에 대한 논의는 점차 현실적인 우려로 다가오고 있다. 팬데믹 이후 세계 경제는 회복세를 보였으나, 여전히 많은 불안 요소들이 산재해 있다. 고인플레이션, 금리 인상, 지정학적 리스크, 중국 경제 둔화, 그리고 기후 변화로 인한 충격까지, 복합적인 문제들이 결합된다면 2025년은 또 다른 위기의 해로 기록될 수 있다. 이 시점에서 경제 위기가 발생할 가능성은 높을까. 우리는 어떤 신호들을 주의 깊게 살펴봐야 할까.

CHAPTER 4
2025년 위기에 투자 수익을 극대화하는 법

★ ★ ★

2025년
위기의 시나리오

2023년과 2024년 동안, 전 세계 중앙은행들은 치솟는 인플레이션을 잡기 위해 공격적인 금리 인상을 단행했다. 특히 미국 연방준비제도(Fed)는 금리를 꾸준히 인상하면서 경기 과열을 억제하려고 했다. 금리 인상은 곧 부채 부담을 증가시키는 요소로 작용하며, 기업과 가계의 부채 상환 능력을 압박한다. 2025년에 이르러 만약 금리 인상이 계속된다면, 이는 부채를 안고 있는 국가와 기업들에게 엄청난 경제적 부담을 가중시킬 것이다.

IMF는 최근 보고서에서 "2025년까지 저소득 국가들 중 절반 이상이 채무 불이행의 위험에 직면할 수 있다"고 경고했다. 특히 개발도상국들은 외부 차입에 크게 의존하고 있으며, 금리 인상은 이러한 국가들에 더 큰 재정적 타격을 가할 수 있다. 이러한 부채 문제가 일어나면 금융 시스템 전반에 악영향을 미칠 수 있으며, 이는 글로벌 금융 시장에 큰 충격을 줄 것이다.

실제로 골드만 삭스는 "지속적인 금리 인상과 기업 부채 부담이 맞물리면, 2025년경에는 금융 시장이 큰 조정을 겪을 수 있다"고 분석했다. 이는 마치 2008년 금융 위기 당시 서브프라임 모기지 사태가 전 세계로 확산된 것과 유사한 패턴이 될 가능성이 있다.

중국 경제의 둔화

중국은 오랜 시간 동안 세계 경제의 성장 엔진 역할을 해왔다. 하지만 최근 중국 경제는 급격한 둔화세를 보이고 있다. 부동산 거품이 꺼지면서 부동산 시장이 침체되고 있으며, 내수 시장의 성장 역시 둔화되고 있다. 대표적인 사례로 헝다그룹의 디폴트 사태는 중국 경제의 심각한 문제를 드러냈다. 중국 부동산 시장의 과도한 부채와 공급 과잉은 이 거대한 경제가 더 큰 어려움에 직면할 수 있음을 시사한다.

중국 경제의 성장 둔화는 단순히 중국에 국한되지 않는다. 글로벌 공급망의 중심에 있는 중국이 침체되면 전 세계 경제도 큰 충격을 받을 것이다. 중국이 세계 GDP에서 차지하는 비중은 약 18%에 달하며, 특히 신흥국들은 중국과의 무역에 크게 의존하고 있다. 만약 2025년에도 중국 경제가 회복되지 않는다면, 이는 전 세계적으로 수요 둔화와 공급망 혼란을 초래할 수 있다.

옥스퍼드 이코노믹스의 애널리스트들은 "중국 경제의 침체가 지속된다면 글로벌 성장률은 1~2%포인트 하락할 수 있다"고 경고했다. 이는 특히 신흥국 경제에 치명적인 타격을 줄 수 있으며, 글로벌 경기 둔화의 트리거가 될 수 있다.

지정학적 리스크

러시아-우크라이나 전쟁은 2025년에도 여전히 진행 중일 가능성이 있다. 이 전쟁은 에너지 시장과 원자재 시장에 심각한 충격을 주었으며, 유럽과 러시아 간의 관계는 계속해서 긴장 상태에 놓여 있다. 만약 이 전쟁이 장기화된다면, 유가와 천연가스 가격은 다시 한 번 급등할 수 있으며, 이는 전 세계적으로 인플레이션 압력을 가중시킬 것이다.

역사적으로 오일 쇼크는 경제 위기의 강력한 촉발제였다. 1970년대 두 차례의 오일 쇼크는 글로벌 경제를 뒤흔들었으며, 급격한 유가 상승은 전 세계적인 불황을 초래했다. 비슷한 맥락에서 중동에서의 갈등이나 러시아 에너지 공급 차질은 다시 한번 에너지 가격을 불안정하게 만들고, 이는 2025년 경제 위기의 중요한 원인이 될 수 있다.

세계은행은 2023년 보고서에서 "지정학적 리스크가 2025년까지 지속될 경우, 세계 경제 성장률은 최대 2.5%포인트 하락할 수 있다"고 전망했다. 이는 특히 에너지 의존도가 높은 국가들에 큰 타격을 줄 것이다.

또 다른 거품의 위험

코로나19 이후 글로벌 중앙은행들은 양적 완화를 통해 유동성을 대거 공급했다. 그 결과, 주식 시장과 부동산 시장에서 자산 거품이 형성되었다. 2022년 이후 금리 인상으로 인해 일부 자산 가격이 조정받았지만, 여전히 많은 전문가들은 자산이 과대 평가된 상태라고 보고 있다.

특히 주식 시장은 기업 실적보다 훨씬 높은 밸류에이션을 유지하고 있으며, 부동산 시장도 여전히 높은 가격을 기록하고 있다. 만약 2025년에 경제 성장이 둔화되거나 금리 인하가 천천히 진행될 경우, 금융 자산의 대규모 조정이 발생할 수 있다.

블룸버그의 최근 분석에 따르면 "2025년까지 글로벌 주식 시장의 10~15% 조정이 발생할 수 있으며, 이는 자산 거품의 붕괴로 이어질 가능성이 크다"고 경고했다.

기후 변화가 경제에 미치는 충격

기후 변화는 더 이상 미래의 문제가 아니다. 2023년과

CHAPTER 4
2025년 위기에 투자 수익을 극대화하는 법

2024년 동안 기후 변화로 인한 자연 재해는 빈번하게 발생했으며, 이는 특정 지역의 경제를 심각하게 타격하고 있다. 허리케인, 산불, 홍수와 같은 재해는 인프라, 농업, 에너지 공급에 직접적인 피해를 주며, 이러한 경제적 충격이 누적되면 전 세계적으로 큰 부담이 될 수 있다.

특히 기후 변화에 취약한 국가들은 2025년 이후 더욱 심각한 경제 위기를 맞이할 수 있다. 세계경제포럼(WEF)은 "기후 변화로 인한 경제적 손실이 2025년부터 본격화될 것"이라고 경고하며, 이러한 위기가 금융 시스템의 불안정성과 결합될 경우 더 큰 경제적 충격을 초래할 수 있다고 분석했다.

위기의 가능성을 준비하다

2025년은 여러 경제적, 지정학적 요인이 맞물리며 경제 위기가 발생할 가능성이 높은 해가 될 수 있다. 금리 인상, 부채 부담, 중국 경제의 둔화, 지정학적 리스크, 그리고 기후 변화는 각기 독립적인 문제처럼 보이지만, 이들 요인이 복합적으로 작용할 경우 그 파급력은 거대해질 수 있다.

개인 투자자와 기업들은 이러한 위기 신호를 주의 깊게 살펴보고 포트폴리오 다각화, 안정 자산 투자, 현금 비중 확대 등의 전략을 통해 위험을 관리해야 한다. 경제 위기가 항상 예고 없이 찾아오는 것은 아니지만, 대비하는 자만이 불확실성 속에서 기회를 찾을 수 있을 것이다.

★ ★ ★

위기 직후,
부의 골든타임이 열린다

명민한 사람이라면 최근 몇 차례의 글로벌 금융위기 이후, 주식 시장이 예전보다 훨씬 빠르게 반등했다는 걸 알 수 있다. 2008년 글로벌 금융위기, 2011년 유럽 재정위기, 2020년 코로나19 팬데믹 같은 대규모 경제 위기 때 주가는 큰 폭으로 하락했지만, 반응하는 속도는 점점 빨라졌다.

과거의 금융위기와는 달리, 왜 이렇게 빠르게 시장이 회복될 수 있었을까? 그 이면에는 중앙은행의 빠른 개입, 기술 혁신, 투자 심리의 변화 등 다양한 요인이 복합적으로 작용하고 있다.

유동성의 마법

과거 금융위기에서는 경제가 회복되기까지 오랜 시간이 걸렸다. 그러나 최근 위기에서는 중앙은행들이 즉각적으로 개입하면서 상황이 크게 달라졌다. 2008년 글로벌 금융위기 당시, 미국 연방준비제도(Fed)는 빠르게 금리를 인하하고, 대규모 양적 완화(QE)를 시행해 시장에 유동성을 공급했다. 그 결과, 금융시장은 몇 년에 걸쳐 서서히 회복했지만, 이전 위기보다 상대적으로 더 빠른 회복세를 보였다.

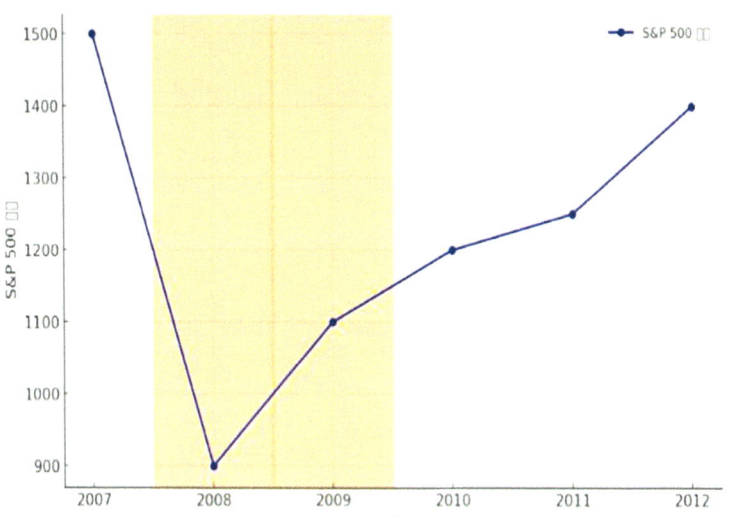

2008년 글로벌 금융위기 당시 S&P 500 지수의 변동과 양적 완화(QE) 시행 시점. 주황색으로 표시된 영역은 양적 완화가 시행된 시기이다. 금융위기 후 양적 완화가 시작되면서, S&P 500 지수가 빠르게 반등했다.

이보다 더욱 놀라웠던 것은 2020년 코로나19 팬데믹 때였다. 코로나19가 전 세계 경제를 멈추자, Fed는 즉각적으로 금리를 제로 수준으로 낮추고, 사상 최대 규모의 양적 완화를 발표했다. 이 조치는 미국뿐만 아니라

전 세계 금융시장에 막대한 영향을 미쳤다.

  2020년 3월, 세계 경제가 한순간에 마비된 것처럼 보였지만, 단 5개월 만에 S&P 500 지수는 50% 이상 급등하며 회복했다.

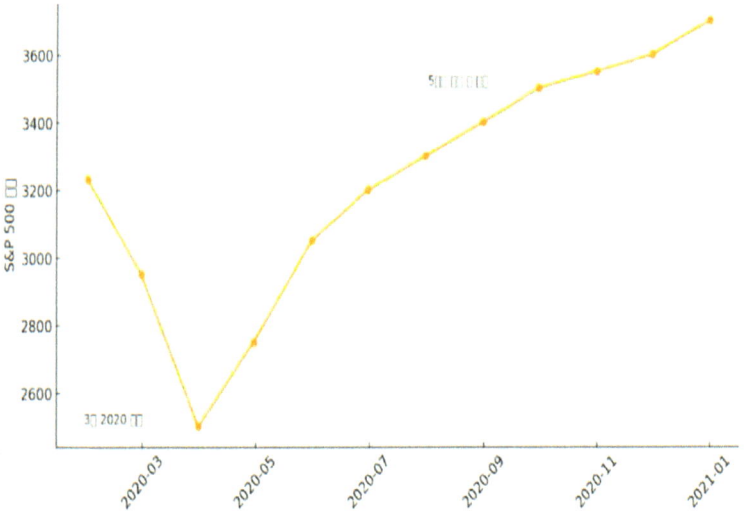

2020년 3월 저점을 기록한 이후 5개월 만에 S&P 500 지수가 50% 이상 급등하며 회복했다.

중앙은행의 신속한 대응은 시장에 안정감을 주고 투자자들에게 심리적 안전망을 제공한다. IMF는 보고서에서 "Fed와 같은 중앙은행의 개입이 없었다면, 금융 시장은 회복하지 못하고 더 오랜 기간 불황에 머물렀을 것"이라고 분석했다. 이제 시장은 중앙은행의 대응을 거의 즉각적으로 기대하며, 이 신속한 개입이 주가 반등을 가속화하는 핵심적인 요소가 되었다.

함께 무너지고, 함께 일어선다

금융 시장의 글로벌화는 또 다른 핵심 요소다. 오늘날 금융 시장은 국가 간의 경계를 넘어서 하나로 연결되어 있다. 이는 위기 발생 시 전 세계로 위기가 확산되는 경로이기도 하지만, 동시에 회복도 빠르게 동시다발적으로 이루어질 수 있게 만드는 요인이다.

예를 들어, 2020년 코로나19 팬데믹 동안 미국, 유럽, 아시아를 막론하고 각국 정부는 동시에 경기 부양책을 시행했다. 미국의 2조 달러 규모의 경기 부양책과 유럽연합(EU)의 7500억 유로 규모의 회복 기금은 글로벌 경제에 즉각적인 유동성을 공급했다. 그 결과 미국 주식 시장이 회복되자, 유럽과 아시아 시장도 거의 동시에 반등했다.

이는 과거와는 크게 다른 현상이다. 과거에는 위기가 발생하면 회복은 각 지역의 사정에 따라 차례로 진행됐지만, 이제는 글로벌 경제가 하나의 네트워크처럼 작동하면서 회복의 속도도 한층 빨라졌다. 세계은행(World Bank)은 최근 보고서에서 "글로벌 금융 시장의 연계성 덕분에 각국의 경제 회복이 더 빠르게 이루어지고 있다"고 평가했다. 글로벌 경제는 이제 함께 무너지고, 함께 일어서는 시대에 접어든 것이다.

초고속 거래가 가능한 시장

기술의 발전은 금융 시장의 구조를 변화시키며 회복 속도를 가속화하는 데 중요한 역할을 했다. 이른바 '고빈도 거래(High-Frequency Trading, HFT)'는 그 대표적인 예이다. HFT는 컴퓨터 알고리즘을 이용해 초단타로 거래를 실행하는 방식으로, 아주 짧은 시간 안에 수백만 건의 거래가 이루어진다.

과거에는 트레이더들이 시장의 움직임을 직접 판단하고 거래했기 때문에 주가의 변화와 회복은 시간이 걸렸다. 하지만 이제는 다르다. 알고리즘이 실시간으로 시장 흐름을 반영하고, 대규모 거래를 처리할 수 있다. 특히, 시장이 하락할 때, HFT는 매수 세력이 부족한 상황에서도 유동성 공급 역할을 하여 시장의 반등을 가속화한다.

미국 증권거래위원회(SEC)에 따르면, HFT는 전체 주식 거래의 약 50% 이상을 차지하고 있다. 이러한 기술적 혁신은 금융 시장의 변동성과 거래 속도를 한층 더 빠르게 만들며, 위기 후 주가 반등이 더 짧은 기간 내에 이루어질 수 있는 촉매제다. 이는 마치 현대 금융 시장이 고속도로 위에서 움직이는 것과 비슷하다.

또한, 정보의 확산 속도가 빨라진 것도 큰 역할을 한다. 과거에는 경제 회복에 대한 정보가 투자자들에게 전달되기까지 시간이 걸렸다. 하지만 이제는 소셜 미디어, 금융 뉴스 플랫폼, 블로그 등을 통해 정보가 실시간으로 공유된다. 이로 인해 투자자들은 시장의 긍정적인 신호나 회복 가능성을 더 빨리 인지하고, 더 빠르게 행동에 나선다.

2020년 코로나19 백신 개발 소식이 전해졌을 때, 그

날 바로 다우존스 산업평균지수가 단 하루 만에 800포인트 이상 상승한 것이 대표적인 사례다. 과거에는 정보가 시장에 전달되고 이를 기반으로 투자자들이 행동하는 데 시간이 걸렸다면, 이제는 소셜 미디어와 뉴스를 통해 순식간에 정보가 퍼지면서 시장은 그 즉시 반응한다.

'FOMO(Fear of Missing Out)' 즉 기회를 놓칠 수 있다는 두려움이 많은 투자자들 사이에 퍼지면서, 그들은 빠르게 시장에 재진입한다. 이런 심리적 변화가 시장의 반등을 더욱 가속화하는 요소로 작용하고 있다. "모두가 투자하고 있는데, 나만 기회를 놓칠 수 없다"는 심리는 현대 금융 시장에서 매우 강력한 동기가 되었다.

패시브 투자와 ETF의 확산

과거에는 투자자들이 개별 주식을 선별해 투자했다면, 최근에는 ETF(상장지수펀드)와 같은 패시브 투자 수단을 통해 시장 전체에 투자하는 경향이 강해졌다. ETF는 특정 지수를 추종하는 펀드로, 투자자들은 개별 종목에 투자하는 대신 시장 전체에 손쉽게 접근할 수 있다.

S&P 500 ETF 같은 상품에 대한 투자 수요가 폭발적으로 증가하면서, 위기 후 시장의 빠른 회복을 이끌었다. 블랙록(BlackRock)의 분석에 따르면, 2020년 이후 ETF에 유입된 자금은 1조 달러를 넘었다. 이는 주식 시장의 빠른 반등에 크게 기여했다.

ETF의 확산이 마치 하나의 버튼으로 전체 시장에 투자할 수 있는 길을 열어준 셈이다.

글로벌 금융위기 이후 주가 반등이 빨라진 것은 단순한 경제 회복을 넘어서, 중앙은행의 신속한 개입, 글로벌 금융 시장의 상호 연계성, 기술 발전에 따른 고빈도 거래, 정보의 빠른 확산, 그리고 ETF의 확산 같은 요인이 결합된 결과이다. 이제 주식 시장은 과거처럼 느리게 회복되지 않고, 더욱 빠르고 유동적으로 움직인다.

그러나 주식 시장의 빠른 회복이 진정한 내재 가치의 반영인지, 아니면 단순히 유동성의 힘에 의한 것인지는 의문이다. 케인스의 말처럼, 단기적인 안정이 장기적인 문제를 덮는 것은 위험할 수 있다. 결국, 빠른 반등 뒤에 숨어 있는 시장의 구조적 문제를 깊이 들여다보고, 지속 가능한 성장을 추구하는 것이 무엇보다 중요할 것이다.

두려움을 기회로
바꾸는 전략

위기 속에서 우리는 종종 두려움에 빠지곤 한다. 금융 시장은 계속해서 요동치고, 경제적 불확실성은 그 어느 때보다 커지는 것처럼 보인다. 하지만 이런 위기의 순간은 어떻게 바라보느냐에 따라 기회가 될 수 있다. 중요한 것은 두려움에 휘둘리지 않고 장기적인 시각을 가지고 투자를 이어가는 것이다.

여러 차례 경제 위기를 극복한 이들을 보면, 우리가 어려운 시기에도 투자자로서 수익을 얻을 수 있는 힌트가 보인다.

장기적인 시각을 유지하라

위기 상황이 발생할 때, 주식 시장은 큰 폭으로 하락하며 투자자들을 공포에 빠뜨린다. 하지만 이런 하락은 영원히 지속되지 않는다. 주식 시장은 오르내림을 반복하지만, 긴 역사 속에서 보면 장기적으로 우상향하는 모습을 보여왔다. 이 점이 바로 우리가 위기의 순간에도 장기적인 시각을 유지해야 하는 이유다.

2008년 글로벌 금융위기를 떠올려 보자. 그 당시 S&P 500 지수는 절반 가까이 폭락했다. 많은 사람들은 주식 시장이 회복하지 못할 것이라고 생각했고, 패닉에 빠져 자산을 팔았다. 하지만 시간이 지나면서 상황은 달라졌다.

2013년, S&P 500은 위기 전 수준을 회복했고, 그 이후에도 꾸준히 상승했다. 제러미 시겔(Jeremy Siegel)은 "주식은 단기적으로 변동성이 크지만, 장기적으로는 가장 안정적인 수익을 제공하는 자산"이라고 말했다. 이러한 역사는 우리에게 단기적인 하락에 흔들리지 말고, 장기적인 성장에 집중할 것을 일깨운다.

바람이 거세게 몰아칠 때는 배를 잠시 멈추고, 바람이 잔잔해질 때를 기다려야 한다. 장기적인 투자자는 일시적인 파도를 무서워하지 않는다. 주식 시장이 일시적으로 흔들릴 때, 오히려 더 좋은 기회를 포착할 수 있기 때문이다.

나무가 아닌 숲을 보라

분산 투자는 투자 세계에서 흔히 들을 수 있는 말이지만, 그 중요성은 위기 상황에서 더욱 중요한 대목이다. 모든 자산을 하나의 바구니에 담는 것은 그 바구니

CHAPTER 4
2025년 위기에 투자 수익을 극대화하는 법

가 깨졌을 때 눈치채면 너무 늦다. 특히 불확실성이 클 때는 하나의 주식이나 산업에 과도하게 집중하는 대신, 다양한 자산에 투자하는 것이 리스크를 줄이는 가장 좋은 방법이기도 하다.

예를 들어 코로나19 팬데믹이 터졌을 때를 생각해보자. 항공, 여행, 오프라인 리테일 산업은 큰 타격을 받았지만, 기술주와 헬스케어 주식은 오히려 성장세를 보였다. 레이 달리오(Ray Dalio)는 "완벽한 예측은 불가능하지만, 분산 투자로 리스크를 최소화할 수 있다"고 강조한다. 그의 올웨더 포트폴리오는 바로 이 원칙에 기초해, 어떠한 경제 상황에서도 포트폴리오를 안정적으로 유지할 수 있도록 설계되어 큰 수익을 얻었다.

분산 투자는 마치 숲을 바라보는 것과 같다. 하나의 나무가 시들더라도 다른 나무들이 성장할 수 있고, 전

체 숲이 건강하게 유지될 수 있다는 것이다. 주식, 채권, 금, 부동산 등 다양한 자산에 투자하면 시장의 어떤 변화에도 흔들리지 않고 균형 잡힌 포트폴리오를 유지할 수 있다.

기회를 기다리는 인내의 시간

앞서도 강조했듯 위기 상황에서 현금을 보유하는 것은 방어적인 전략인 동시에 공격적인 기회를 포착할 수 있는 중요한 도구다. 주식 시장이 급락할 때, 현금을 보유한 투자자들은 저평가된 자산을 매수할 수 있는 절호의 기회를 얻게 된다.

버핏은 "시장은 두려움이 최고조에 달할 때 가장 큰 기회를 제공한다"고 말했다. 2020년 코로나19 팬데믹 당시, 주식 시장이 급락했을 때 현금을 보유하고 있던 투자자들은 저가에 주식을 매수할 수 있었고, 이후 시장이 빠르게 반등하면서 큰 수익을 얻을 수 있었다.

시장이 불안정할 때 현금을 갖고 있다는 것은 마치 거친 파도 속에서 떠오를 섬을 기다리는 것과 같다. 위험이 지나가고 나면 새로운 기회가 펼쳐지기 마련이다.

안전 자산으로 분류되는 금 역시 위기 상황에서 중요한 역할을 한다. 골드만 삭스의 연구에 따르면, 금은 불안정한 경제 상황에서 항상 안전한 피난처로 기능해왔다. 금을 일정 비율로 포트폴리오에 포함하면 변동성이 큰 시장에서 심리적 안정감을 얻을 수 있다.

벤저민 그레이엄(Benjamin Graham)의 말처럼 "시장은 단기적으로는 감정적이지만, 장기적으로는 합리적"이다. 즉, 단기적인 주가 하락은 장기적으로 우량 자산을 저렴한 가격에 매수할 수 있는 기회이기도 하다.

2020년 코로나19 이후 시장의 변동성은 매우 컸지만, 그때를 기회로 삼아 우량 주식을 매수한 투자자들은 엄청난 수익을 얻었다. 테슬라나 애플 같은 기업은 주가가 하락했을 때 매수한 투자자들에게 큰 보상을 주었고, 이는 투자자가 위기 속에서도 흔들리지 않고 가치를 볼 줄 아는 눈을 가져야 한다는 교훈을 남겼다.

변동성은 곧 새로운 시작을 의미한다. 주식 시장이 폭락할 때가 바로 저가 매수의 가장 좋은 시점일 수 있으며, 이때를 놓치지 않는 투자자가 장기적인 성공을 거머쥘 수 있다.

FOMO(Fear of Missing Out)를 경계하라

위기 속에서 주식 시장이 반등하면, 사람들은 흔히 기회를 놓칠까 두려워 성급한 결정을 내리기 쉽다.

FOMO(Fear of Missing Out) 심리가 작용해 비이성적인 투자 결정을 내리게 되면, 오히려 손해를 입을 가능성이 높다. 비트코인 열풍이나 테슬라 주식의 급등 당시, 많은 사람들이 고점에서 매수한 후 큰 손실을 본 것은 이런 FOMO 심리의 전형적인 결과다.

존 템플턴(John Templeton)의 말처럼 "시장이 가장 낙관적일 때가 가장 위험한 시점"이다. 무리한 투자는 오히려 큰 리스크를 동반한다. 따라서 투자자는 침착함을 유지하고, 자신의 투자 원칙을 지켜야 한다. 꾸준히 시장에 참여하고 적립식 투자(Dollar-Cost Averaging) 같은 전략을 사용해 평균 매입 단가를 낮추면, 시장의 상승과 하락에 덜 흔들리며 수익을 올릴 수 있다.

명확한 목표를 설정하라

위기 상황에서 투자자는 명확한 목표를 설정하는 것이 중요하다. 목적지 없이 항해하는 선박이 결국 길을 잃고 표류하듯이, 투자자도 명확한 목표가 없으면 시장의 변동성에 휘둘릴 수밖에 없다. 블랙록(BlackRock)의 연구에 따르면, 명확한 목표를 설정하고 일관된 전략을 유지한 투자자들이 변동성 속에서도 더 나은 성과를 기록했다.

예를 들어, 은퇴 자금을 마련하는 장기적인 목표를 가진 투자자는 일시적인 시장의 변동성에 흔들리지 말고, 오히려 저가에 자산을 매수할 기회로 삼아야 한다. 단기적인 수익을 목표로 하는 투자자와는 다른 전략이 필요하다. 각자의 투자 목표에 맞는 전략을 세우고, 그 전략을 충실히 따르는 것이 중요하다.

기억하자. 위기는 피할 수 없는 투자 과정의 일부분이

CHAPTER 4
2025년 위기에 투자 수익을 극대화하는 법

다. 하지만 장기적인 시각을 유지하고, 분산 투자와 현금 보유, 그리고 침착함을 유지하는 것은 위기 속에서도 투자자가 흔들리지 않고 기회를 포착할 수 있는 방법이다. 시장의 변동성은 단기적으로 두려움을 불러일으킬 수 있지만, 그 변동성을 기회로 바꾸는 투자자는 결국 장기적인 성공을 거두게 된다.

역사는 반복된다. 주식 시장은 언제나 다시 회복했고, 그 속에서 기회를 잡은 자가 승리했다. 우리는 두려움에 압도되지 말고, 철학적 관점에서 시장을 바라보며 장기적으로 성장할 수 있는 투자 전략을 세워야 한다.

★★★
한국은행은 금리를 올릴 수 있을까?

　이 질문은 2024년 경제계에서 뜨거운 논쟁거리다. 한쪽에서는 인플레이션을 잡기 위해 금리를 올려야 한다고 주장하지만, 다른 한쪽에서는 경기 둔화와 가계 부채 부담을 이유로 금리 인상이 어려울 것이라고 보고 있다.

　이처럼 금리 인상 여부를 둘러싼 논쟁은 단순한 경제적 결정이 아니라, 한국 경제가 직면한 복잡한 문제들을 어떻게 해결할지에 대한 중요한 선택이다.

미국 눈치 보기? vs. 인플레이션 잡기

금리 인상 논의의 중심에는 항상 물가가 있다. 2022년과 2023년 세계적으로 인플레이션이 심각한 문제가 되면서 많은 국가들이 금리 인상을 단행했다. 미국 연방준비제도(Fed)도 이례적으로 빠르게 금리를 올렸고, 한국은행 역시 그 기조에 맞춰 금리를 여러 차례 인상했다.

7차례 기준금리 인상을 통해 물가 안정에 나섰던 한국은행은 2023년 하반기 들어서 금리 인상 속도를 늦추기 시작했다. 그 이유는 다행히 소비자 물가 상승률이 안정되었기 때문이다.

하지만 여기서 끝은 아니다. 인플레이션이라는 불확실성은 여전히 존재하고 있다. 에너지 가격이 다시 급등하거나, 글로벌 공급망 문제가 발생하면 물가는 언제든지 다시 상승할 수 있다.

　예를 들어 러시아-우크라이나 전쟁 같은 지정학적 리스크는 에너지와 원자재 가격을 올리는 중요한 변수다. 실제로 2022년 초 전쟁 발발로 인해 유가와 가스 가격이 급등하면서 세계적으로 인플레이션이 심화된 바 있다.

　한국은행이 물가 안정을 위해 금리를 다시 인상할 가능성을 완전히 배제할 수 없다. IMF도 "글로벌 경제가 불안정한 상황에서는 언제든지 물가가 급등할 수 있다"고 경고한 바 있다. 만약 물가가 다시 빠르게 상승한다면, 한국은행은 물가 상승 압력을 억제하기 위해 금리 인상을 고려할 수밖에 없다.

금리 인상의 딜레마

　물론 한국은행 입장에서 이는 쉬운 선택이 아니다. 금

리를 올리는 것이 언제나 경제에 긍정적인 결과를 가져오는 것은 아니기 때문이다. 금리가 오르면 기업과 가계의 대출 이자 부담이 커지고, 이는 소비와 투자를 억제하는 효과를 낳는다. 한국 경제는 2023년 하반기부터 경기 둔화 조짐을 보이기 시작했다. 수출 감소와 내수 침체가 겹치면서 경제 성장이 둔화되었고, 이러한 상황에서 금리를 올리면 경기 회복이 더욱 어려워질 수 있다.

특히 가계 부채 문제가 심각하다. 한국의 가계 부채 비율은 세계적으로도 매우 높은 수준으로, GDP 대비 100%를 넘어서고 있다. 가계 부채가 많다는 것은 금리가 인상될 경우, 이자 부담이 커져 많은 가계가 부채 상환에 어려움을 겪을 수 있다는 것을 의미한다. 이미 높은 대출 금리를 감당하는 가계가 더 큰 부담을 지게 되면, 소비 위축으로 이어지고, 이는 결국 경기 침체를 악화시킬 수 있다.

한국개발연구원(KDI)는 최근 보고서에서 "현재 경기 둔화와 높은 가계 부채 수준을 고려할 때, 금리 인상은 경제에 큰 충격을 줄 수 있다"고 분석했다. 다시 말해, 금리 인상은 물가를 안정시키는 데는 도움이 될 수 있지만, 동시에 경기 둔화와 부채 부담이라는 부정적인 결과를 초래할 수 있다는 딜레마에 빠지게 되는 것이다.

미국 금리 정책과 환율의 압력

알려져 있듯 한국은행의 금리 정책은 미국 연방준비제도(Fed)의 금리 정책과도 밀접하게 연결되어 있다. 미국이 금리를 인상하면, 한국도 이를 따라가지 않을 수 없는 상황에 놓인다. 왜냐하면 미국이 금리를 올리면, 더 높은 수익을 기대하는 자금이 미국으로 몰리면서 원화 약세를 초래할 수 있기 때문이다. 이렇게 되면 환율이 급격히 상승해 수입 물가가 오르고, 이는 다시 물가 상승으로 이어지는 악순환을 만들 수 있다.

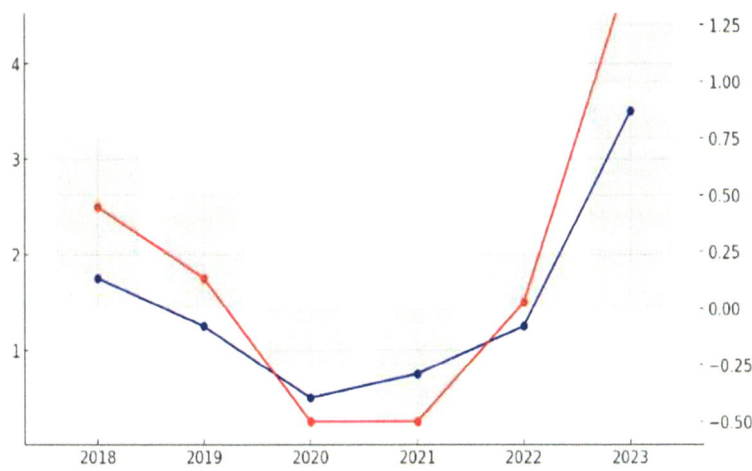

파란색 선은 한국의 기준금리를, 빨간색 선은 미국의 기준금리이다. 한국과 미국의 기준 금리 변동 추이와 거의 동일하다는 것을 알 수 있다.

2023년 기준으로 미국과 한국의 금리 차이는 점차 벌어져왔다. 미국은 금리를 5.25%까지 올리며 긴축 정책을 이어가는 데 비해 한국은 3.5% 수준에 머물러 있었다. 신한금융투자의 이창선 이코노미스트는 "미국과의 금리 차이가 더 벌어지면, 한국은행도 환율을 안정시키기 위해 금리 인상을 검토할 수밖에 없을 것"이라고 말했다.

　실제로 2023년 원달러 환율이 1,300원을 넘어서면서 한국 경제는 큰 압박을 받았다. 환율 상승은 수입 물가를 올리고, 이는 결국 소비자 물가 상승으로 이어지기 때문에 한국은행이 이를 방치하기 어려운 구조다.

불확실성 속에서의 균형 찾기

　한국은행의 금리 결정은 단순히 국내 경제에만 국한된 문제가 아니다. 글로벌 경제와의 연관성을 무시할 수 없는 시대다. 코로나19 팬데믹과 러시아-우크라이나 전쟁, 공급망 차질 등의 변수는 여전히 글로벌 경제를 흔들고 있다. 여기에 더해 중국 경제의 둔화도 한국 경제에 큰 영향을 미치고 있다. 한국의 최대 수출국 중 하나인 중국이 성장세를 멈춘다면, 한국 수출 기업들은 타격을 입을 수밖에 없는 것이다.

2023년 기준으로 중국 경제의 둔화는 심각해지고 있으며, 이는 한국 수출 감소로 이어지고 있다. 이러한 상황에서 금리 인상은 한국 경제에 추가적인 부담을 줄 가능성이 크다. IMF는 최근 보고서에서 "글로벌 경제 불확실성이 높은 상황에서 금리 인상은 경기 회복을 더욱 어렵게 만들 수 있다"고 경고했다.

한국은행은 이러한 글로벌 흐름 속에서 균형 잡힌 금리 정책을 마련해야 하는 과제를 안고 있다. 금리를 너무 빨리 올리면 경제가 위축되고, 그렇다고 금리를 동결하거나 내리면 물가와 환율에 대한 부담이 커진다. 따라서 한국은행은 이러한 글로벌 경제의 불확실성 속에서 신중한 선택을 해야 하는 상황이다.

한국은행이 금리를 인상할 가능성은 여전히 존재하지만, 실제로 미국이 피벗을 한 상황에서 금리를 올리긴 어려울 것이다. 물가 안정을 위해 금리를 올릴 필요가 있지만, 경기 둔화와 가계 부채 문제를 고려하면 쉽게 결정할 수 있는 문제가 아니다. 또한, 미국의 금리 인상과 환율 압력은 한국은행이 금리를 더 이상 동결할 수 없게 만들 수 있는 중요한 변수다.

한국은행은 앞으로도 국내 경제 상황과 글로벌 경제 흐름을 종합적으로 고려한 균형 잡힌 금리 정책을 수립해야 한다. 금리 인하기가 끝나고 다시 한 번 금리를 인상하게 된다면, 그 속도와 폭은 신중하게 조정될 것이며, 경제에 미치는 부작용을 최소화하는 방향으로 진행될 가능성이 크다.

CHAPTER **4**
2025년 위기에 투자 수익을 극대화하는 법

★★★

불확실성 속에서
실물자산 투자의 방향성

2025년이 다가오면서 부동산 투자자들은 새로운 현실에 직면하고 있다. 최근 몇 년간 금리 인상과 경기 둔화로 인해 부동산 시장은 상당히 위축됐지만, 2025년에는 다양한 경제적 변화가 시장의 흐름을 뒤바꿀 수 있을 것으로 보인다. 금리 인하 가능성, 정부 정책의 변화, 경기 회복의 신호들이 맞물리면서 실물자산으로서의 부동산이 다시금 투자자들의 주목을 받을 시기가 다가오고 있다.

부동산 시장이 다시 숨을 고를 수 있을까

최근 몇 년간 부동산 시장의 큰 걸림돌은 바로 금리 인상이었다. 주택담보대출 금리가 상승하면서 많은 이들이 집을 구입하는 것을 주저하게 되었고, 이는 곧 거래량 감소로 이어졌다. 한국은행의 금리 인상 기조는 이자 부담을 감당하기 어려운 많은 가계에 부담을 주었으며, 이는 주택 구매 의욕을 떨어뜨리는 주요 요인이 되었다.

그러나 이제 경제 전문가들은 금리 인하 가능성을 논의하기 시작했다. 2025년부터 미국을 포함한 주요 국가들이 금리 인하 기조로 전환할 수 있다는 전망이 나오고 있으며, 이는 곧 대출 금리가 낮아지면서 부동산 투자에 대한 수요가 다시 증가할 가능성을 암시한다.

금리 인하가 계속되면 가장 먼저 주택 실수요자들이

움직일 것이다. 지금껏 높은 이자율 때문에 집을 사지 못했던 사람들이 다시금 시장으로 돌아올 수 있는 계기가 될 것이다. 이는 주택 매매가 다시 활성화될 가능성을 의미한다. 주택 시장에서 오랫동안 기다렸던 매수세가 움직일 수 있는 신호다.

부동산 전문 투자자들 역시 상업용 부동산이나 개발 사업에서 투자 기회를 다시 찾기 시작할 가능성이 높다. 금리 인하가 가져올 수 있는 기회는 분명하다. 다만, 경제 불확실성이 여전히 존재하는 만큼, 금리 인하에 따른 부동산 투자 결정은 신중하게 접근할 필요가 있다.

규제 완화가 가져올 새로운 기회

부동산 시장은 정부 정책에 크게 영향을 받는다. 2020년대 초반에는 한국 정부가 부동산 투기를 억제하기 위해 강력한 규제를 도입했다. 주택담보대출비율

(LTV)을 줄이고, 종합부동산세를 인상하는 등의 규제는 부동산 시장에 찬물을 끼얹었고, 투기 수요를 억제하는 데 성공했다. 하지만 그 결과로 주택 공급 부족이 이어졌고, 부동산 거래는 침체 국면에 빠졌다.

2025년부터는 정부가 규제 완화와 공급 확대를 통해 부동산 시장을 다시 활성화하려는 움직임을 보일 가능성이 있다. 국토교통부는 수도권을 중심으로 대규모 신규 주택 공급을 추진하고 있으며, 이로 인해 일부 지역에서는 부동산 수요가 다시 증가할 가능성이 있다. 신도시 개발이나 재건축 활성화 정책이 나오면, 해당 지역은 투자자들에게 매력적인 기회로 다가올 수 있다.

특히 재건축과 재개발 지역에 대한 관심이 커질 것이다. 규제 완화로 인해 그동안 미뤄졌던 재건축 프로젝트들이 활기를 되찾으면, 해당 지역의 부동산 가격은 크게 상승할 수 있다. 국토교통부는 "2025년까지 수도권 내 30만 가구 이상의 주택을 공급할 계획"이라고 발표했으며, 이러한 공급 정책은 부동산 시장의 새로운 활력소가 될 것이다. 다만, 공급이 지나치게 많아지면 일부 지역에서는 가격 조정이 일어날 수 있다는 점도 함께 고려해야 한다.

부동산 투자 심리는 회복될 수 있을까?

부동산 시장은 경제 전반의 성장과 긴밀하게 연결되어 있다. 2023년과 2024년 동안 한국 경제는 저성장 기조를 보였다. 수출이 둔화되고, 내수 시장이 침체되면서 전반적인 경제 활력이 떨어졌고, 부동산 시장 역시 그 영향을 받았다. 많은 투자자들이 부동산을 관망하면서 기다리는 국면에 들어갔다.

그러나 2025년에는 경제 회복의 가능성이 커지고 있다. OECD는 2025년 한국 경제가 2.2% 성장할 것으로 예상하며, 이는 경기 회복과 함께 부동산 투자 심리에도 긍정적인 영향을 미칠 수 있다. 경제가 회복되면, 기업들의 투자 활동도 활발해지고, 상업용 부동산에 대한 수요가 증가할 가능성이 크다. 오피스나 물류 창고와 같은 상업용 자산은 경기 회복과 맞물려 더 많은 투자 기회를 제공할 수 있다.

특히 기술산업과 제조업의 성장으로 인해 산업용 부동산에 대한 수요가 증가할 수 있다. 기업들이 더 많은 공간을 필요로 하고, 물류 네트워크가 확대되면서 물류 관련 부동산은 중요한 투자처로 자리잡을 가능성이 크다. 카이스트 경제연구소는 "기술 및 제조업의 성장은 상업용 부동산 시장에 새로운 활력을 불어넣을 것"이라고 분석했다. 이는 투자자들에게 중요한 기회로 다가올 수 있다.

안전 자산으로서의 부동산

글로벌 경제가 불안정할 때, 투자자들은 안정적인 자산을 찾기 마련이다. 부동산은 전통적으로 안정적인 수익을 제공하는 자산으로 평가되어 왔으며, 주식이나 기타 위험 자산의 변동성이 커질 때 부동산의 매력은 더욱 커진다. 미중 무역 갈등, 러시아-우크라이나 전쟁, 중국 경제 둔화와 같은 글로벌 리스크는 실물자산인 부동산을 더욱 주목받게 만들 수 있다.

특히 상업용 부동산은 장기적으로 안정적인 임대 수익을 제공하는 자산으로 평가받고 있다. 맥킨지 보고서에 따르면, "2025년까지 아시아를 포함한 주요 글로벌 시장에서 상업용 부동산에 대한 수요는 꾸준히 증가할 것"이라고 전망했다. 글로벌 투자자들이 한국을 비롯한 아시아 지역의 상업용 부동산에 관심을 가질 가능성도 높아, 내년 이후에도 실물 자산에 대한 수요는 꾸준히 유지될 수 있다.

부동산 투자의 새로운 트렌드

또한, ESG(환경·사회·지배구조) 기준이 점차 중요한 투자 요소로 자리잡고 있다. 친환경적이고 지속 가능한 건축물이 부동산 시장에서 주목받고 있으며, 기업들도 ESG 기준을 충족하는 자산을 선호하는 추세다. 탄소 배출 규제가 강화되면서 에너지 효율성을 갖춘 부동산에 대한 수요는 앞으로 더 커질 것이다.

특히 친환경 상업용 건물은 높은 임대 수익을 제공할 가능성이 크다. 기업들이 환경 규제를 준수해야 하는 상황에서, 에너지 절감 건물과 녹색 건축물에 대한 수요는 빠르게 늘고 있다. 골드만 삭스는 "친환경 부동

산은 투자자들에게 높은 가치를 제공하며, 시장에서 더 큰 주목을 받을 것"이라고 분석했다. 이는 새로운 투자 트렌드로 자리잡을 가능성이 크며, 장기적으로 안정적인 수익을 제공할 수 있다.

2025년부터 부동산 투자는 새로운 국면에 접어들 것으로 보인다. 금리 인하 가능성, 정부의 규제 완화와 공급 확대, 그리고 경제 회복의 신호들이 맞물리면서 부동산 시장은 다시 활성화될 가능성이 크다. 특히 주택 실수요자들이 다시 시장으로 돌아올 수 있으며, 상업용 부동산과 재건축 시장에서도 투자 기회가 확대될 수 있다.

★★★

트럼프 2.0 시대, 투자자는 무엇을 대비해야 하는가

2025년 트럼프 대통령의 재당선은 국제 정세와 미국 경제에 중요한 변화를 가져올 것으로 보인다. 잘 알려져있듯 그의 정책 기조는 이전 임기에서 나타난 보호무역주의와 국내 산업 강화, 미국 우선주의 전략으로 요약된다. 이러한 정책은 세계 경제와 금융 시장에 복합적인 영향을 미칠 것으로 보인다.

트럼프 2.0 세계 정세 극심한 변화 예고

트럼프 대통령의 외교정책은 강경한 기조를 유지할 가능성이 크다. 특히, 중국에 대한 압박이 더욱 강화될 전망이다. 예를 들어, 2018년~2019년 미중 무역 전쟁 당시 미국은 3,600억 달러 규모의 중국산 제품에 관세를 부과했다. 이러한 압박이 재개되면 무역 전쟁의 재점화와 공급망 교란이 발생할 수 있다. 또한, NATO 및 국제 동맹국에 대한 방위비 부담 분담 요구가 재차 강조되며 유럽과의 관계에도 영향을 미칠 수 있다. 미국의 경제 정책이 동맹국과의 긴장을 높일 수 있다는 경고가 나온다.

러시아와의 관계도 복잡할 것으로 보인다. 우크라이나 전쟁의 여파로 글로벌 에너지 시장이 여전히 불안정한 상황에서, 트럼프 행정부는 에너지 자급자족과 미국 에너지 수출을 강화할 가능성이 크다. 예를 들어, 미국은 2022년 기준으로 원유 생산량이 하루 약 1,170만 배럴에 달했다. 에너지 정책 변화는 글로벌 원유 가격과 천연가스 시장의 변동성을 초래할 수 있다.

미국 주식 시장 어떻게 변할까

트럼프의 재정 및 세금 정책은 기업 이익 증가에 긍정적 영향을 줄 수 있다. 실제로, 2017년 감세 정책으로 S&P 500 기업의 이익이 평균 20% 이상 증가했다. 그러나 이러한 정책이 경기 과열과 인플레이션 압력을 초래할 수 있다는 지적이 있다. 당시 정책으로 연방 적자는 2020년 약 3조 1,000억 달러로 확대되었으며, 이는 금융 불안정을 초래했다. 2025년에도 유사한 정책 기조가 유지된다면 주식 시장은 초기 긍정적인 반응을 보이겠지만, 높은 변동성과 함께 조정 국면에 접어들 가능성도 있다.

기술주와 에너지주는 트럼프의 정책 덕분에 혜택을 볼 수 있다. 예를 들어, 2020년 트럼프 행정부의 친에너지 정책으로 에너지 부문 주식이 40% 가까이 상승했다. 그러나 글로벌 공급망이 불안정해질 경우 제조업과 수출 중심 기업은 리스크에 직면할 수 있다. 트럼프의 재당선은 산업별로 명암이 크게 나뉠 수 있으며, 일부 산업은 급등하지만 다른 산업은 타격을 입을 가능성도 배제할 수 없다.

트럼프 2.0 시대 투자 전략

트럼프의 재당선 이후 초기 시장 반응이 긍정적일 수 있으므로, 투자자들은 기술주와 에너지주 중심의 단기 매수를 고려해볼 수 있다. 그러나 이러한 전략은 중장기적 리스크를 함께 평가해야 한다. 금융 전략가들은 "기술주와 에너지주는 정책의 직접적인 영향을 받지만,

공급망 불안과 지정학적 긴장으로 인해 언제든 변동성이 커질 수 있다"고 경고한다.

국내 주식 시장에도 영향을 미칠 가능성이 있다. 트럼프의 보호무역주의 정책은 미국 내 제조업체에는 긍정적이지만, 한국을 비롯한 아시아 시장의 수출 의존 기업에는 부정적인 영향을 줄 수 있다. 예를 들어, 자동차와 전자 제품 수출 비중이 높은 한국 대기업들은 미국의 관세 정책 변화에 민감할 수 있다. 따라서 국내 투자자들은 수출 비중이 낮고 내수 중심의 기업에 집중하는 전략이 필요할 수 있다.

미국 주식 시장의 변동성에 대비해 방어적 섹터와 금 같은 안전자산으로 포트폴리오를 다변화하는 것도 중요하다. 금은 2020년 당시 2,060달러로 최고치를 기록하며 불확실성 속에서 강세를 보였다. 향후 지정학적 긴장이 심화될 경우, 금과 같은 안전자산이 다시 각광받을 수 있다.

이러한 불확실성에 대비해 다양한 포트폴리오 전략을 세워야 한다. 중요한 전략 중 하나는 리스크 분산이다. 예를 들어, 미국 주식만이 아닌 글로벌 자산과 금 같은 안전자산을 포함한 포트폴리오 다변화가 필요하다. 2020년 금 가격은 2,060달러로 최고치를 기록하며 인플레이션 방어 수단으로 강세를 보였다. 트럼프의 정책이 국제 무역에 부정적 영향을 미칠 수 있어 신흥국 시장의 변동성에 대비해야 한다.

원자재 투자는 중요한 전략으로, 특히 에너지와 금에 대한 투자가 강조된다. 에너지 정책 변화는 원유와 천연가스 시장에 영향을 미칠 수 있으며, 금은 지정학적 불확실성과 인플레이션 방어 수단으로 각광받을 것이다. 트럼프 행정부는 단기적으로 경제 성장을 촉진할 수 있지만, 장기적으로 지정학적 위험이 증가할 수 있어 금 같은 안전자산이 주목받을 것이다.

방어적 섹터 투자도 추천된다. 의료와 필수 소비재 같은 경기 방어적 산업은 정치적 불확실성에도 안정적인 성과를 낼 수 있다. 불확실성이 높아질수록 방어적 섹터는 포트폴리오의 안정성을 확보해 줄 수 있다.

결론적으로, 2025년 트럼프 대통령의 재당선은 경제와 주식 시장에 복합적인 영향을 미칠 것이다. 투자자들은 신중하고 다각화된 전략을 통해 리스크를 관리할 필요가 있다. 국제 정세와 정책 변화에 주목하면서 안정성과 성장 가능성을 동시에 고려한 자산 배분 전략이 필요하다.

핵심 내용 복습하기

○ 과거 금융위기에서는 경제가 회복되기까지 오랜 시간이 걸렸다. 그러나 최근 위기에서는 중앙은행들이 즉각적으로 개입하면서 상황이 크게 달라졌다. 2008년 글로벌 금융위기 당시, 미국 연방준비제도(Fed)는 빠르게 금리를 인하하고, 대규모 양적 완화(QE)를 시행해 시장에 유동성을 공급했다. 그 결과, 금융시장은 몇 년에 걸쳐 서서히 회복했지만, 이전 위기보다 상대적으로 더 빠른 회복세를 보였다.

이는 과거와는 크게 다른 현상이다. 과거에는 위기가 발생하면 회복은 각 지역의 사정에 따라 차례로 진행됐지만, 이제는 글로벌 경제가 하나의 네트워크처럼 작동하면서 회복의 속도도 한층 빨라졌다.

○ 2008년 글로벌 금융위기를 떠올려 보자. 그 당시 S&P 500 지수는 절반 가까이 폭락했다. 많은 사람들은 주식 시장이 회복하지 못할 것이라고 생각했고, 패닉에 빠져 자산을 팔았다. 하지만 시간이 지나면서 상황은 달라졌다.

2013년, S&P 500은 위기 전 수준을 회복했고, 그 이후에도 꾸준히 상승했다. 제러미 시겔(Jeremy Siegel)은 "주식은 단기적으로 변동성이 크지만, 장기적으로는 가장 안정적인 수익을 제공하는 자산"이라고 말했다. 이러한 역사는 우리에게 단기적인 하락에 흔들리지 말고, 장기적인 성장에 집중할 것을 일깨운다.

○ 코로나19 팬데믹이 터졌을 때를 생각해보자. 항공, 여행, 오프라인 리테일 산업은 큰 타격을 받았지만, 기술주와 헬스케어 주식은 오히려 성장세를 보였다. 레이 달리오(Ray Dalio)는 "완벽한 예측은 불가능하지만, 분산

투자로 리스크를 최소화할 수 있다"고 강조한다. 그의 올웨더 포트폴리오는 바로 이 원칙에 기초해, 어떠한 경제 상황에서도 포트폴리오를 안정적으로 유지할 수 있도록 설계되어 큰 수익을 얻었다.

분산 투자는 마치 숲을 바라보는 것과 같다. 하나의 나무가 시들더라도 다른 나무들이 성장할 수 있고, 전체 숲이 건강하게 유지될 수 있다는 것이다. 주식, 채권, 금, 부동산 등 다양한 자산에 투자하면 시장의 어떤 변화에도 흔들리지 않고 균형 잡힌 포트폴리오를 유지할 수 있다.

★ ★ ★

트럼프 거품을 경계하라:
투자의 변곡점을 읽는 법

　도널드 트럼프 전 대통령의 재집권 소식은 금융시장에 즉각적인 반응을 일으켰다. 주식시장과 암호화폐 시장은 그의 당선 기대감으로 상승세를 보였지만, 이런 반응이 지속 가능한지는 별개의 문제다. 트럼프의 정책은 초기 기대감만으로 판단할 수 없다. 진정한 투자의 변곡점은 초기 열광이 식은 뒤 실물 경제 지표가 반영되었을 때 나타난다.

금융시장, 기대감에 취하다

트럼프의 당선 직후 S&P 500 지수는 5일 만에 약 5% 상승했다. 이는 트럼프가 약속한 감세, 규제 완화, 그리고 대규모 인프라 투자에 대한 기대가 투자 심리를 자극했기 때문이다. 비트코인 또한 비슷한 반응을 보이며 7만 1,000달러를 돌파했다. 트럼프 당선이 새로운 경제 정책의 시작을 알리는 신호로 받아들여졌기 때문이다.

그러나 이러한 반응은 과거에도 반복되었다. 2016년 트럼프의 첫 당선 당시 주식시장과 달러화는 상승했지만, 불확실성이 고조되며 일부 산업은 침체를 겪었다. 시장의 초기 상승은 종종 감정적 반응에 가깝다. 투자자들이 기대감을 현실로 오해할 때, 거품은 필연적으로 형성된다.

트럼프의 정책은 장기적으로 실물 경제에 더 큰 영향을 미칠 가능성이 높다. 그의 보호무역주의와 관세 인상

정책은 글로벌 무역 질서를 흔들며 미국 기업들의 수출 경쟁력을 약화시킬 수 있다. 또 감세와 대규모 지출로 인한 재정 적자는 인플레이션 압력을 높이고, 이는 금리 상승으로 이어질 가능성이 크다. 시장은 이런 현실적 부담을 반영하기 시작하면 조정을 겪을 수밖에 없다.

전문가들은 트럼프의 정책이 금융시장에 단기적으로는 긍정적인 영향을 줄 수 있지만, 실물 경제의 부정적 영향을 간과해서는 안 된다고 경고한다. 예일대 경제학 교수 로버트 실러는 "시장의 기대감은 언제나 과장되기 마련이며, 실물 경제의 한계가 드러날 때 거품은 꺼질 수밖에 없다"고 말했다.

거품은 어디에서 시작되고 어디에서 끝나는가

투자자들은 트럼프 거품을 단순히 금융시장에 국한

된 문제로 보아서는 안 된다. 거품은 인간의 심리와 철학적 질문에 뿌리를 두고 있다. 왜 사람들은 반복적으로 기대감에 휘둘리는가? 투자 심리는 때로 군중 심리와 유사하다. 초기의 소수 의견이 다수로 확산되면서 거품은 커진다. 그러나 군중 심리가 깨지는 순간, 시장은 그제야 현실을 반영한다.

트럼프 당선 이후 시장의 상승은 미래에 대한 약속에 기댄 결과였다. 하지만 약속이 실현되지 않을 때, 군중은 빠르게 기대를 철회한다. 이 순간이 바로 변곡점이다. 역사적으로 보면, 대공황, 닷컴 버블, 그리고 금융위기 모두 기대와 현실 간의 간극에서 비롯되었다.

거품 이후, 투자의 골든타임을 노려라

트럼프 당선은 투자자들에게 중요한 교훈을 던진다.

첫째, 단기적 기대감에 휩쓸리지 않는 냉철한 시각이 필요하다. 둘째, 실물 경제 지표와 장기적 흐름에 주목해야 한다. 셋째, 군중 심리를 경계하고 자신의 투자 철학을 확립해야 한다.

결국 중요한 것은 트럼프 당선 자체가 아니다. 초기 기대감이 빠지고 실물 경제가 반영될 때가 진짜 투자의 변곡점이다. 투자자는 이 시점을 인지하고 준비해야 한다. 거품은 투자자를 유혹하지만, 거품이 꺼진 후에도 살아남아 돈을 버는 것은 철학과 냉철한 판단을 가진 자들뿐이라는 점을 기억하자.

에필로그

변동의 시대,
새로운 도약을 위해 준비하라

2025년, 세계 경제는 또 한 번의 큰 변화를 맞이하고 있습니다. 미국 연방준비제도(Fed)의 금리 인하는 글로벌 시장에 새로운 기회를 열어주는 중요한 신호탄입니다. 미국 금리가 하락하면서 자금이 다시 위험자산으로 유입될 가능성이 커졌고, 한국 주식시장도 이러한 글로벌 흐름 속에서 새로운 전환점을 맞이하고 있습니다.

과거의 금융 위기와 회복 과정을 돌이켜보면, 금리 인

하와 같은 정책적 변화는 투자 전략을 재정비할 중요한 기회가 되곤 했습니다. 특히 한국의 경제는 대외 의존도가 높은 구조이기에, 미국의 정책 변화는 곧바로 한국 시장에 큰 영향을 미칩니다. 이번 금리 인하 또한 한국의 주식시장에 다양한 시사점을 던져주고 있습니다.

먼저, 한국 주식시장은 새로운 자본 유입과 함께 회복의 가능성을 보이지만, 동시에 미국 시장의 변동성에 주의해야 합니다. 금리 인하는 단기적으로 유동성을 늘려 자산 가격 상승을 이끌 수는 있지만, 장기적으로는 경제의 근본적인 구조 변화나 경기 둔화의 신호일 수 있기 때문입니다. 이러한 이중적인 가능성을 염두에 두고 투사 시에는 더욱 신중한 판단을 하시기 바랍니다.

이렇듯 험난한 시기에 우리는 어떤 투자 전략을 세워야 할까요? 우선, 변동성이 높은 시장에서는 안전자산

에필로그
변동의 시대, 새로운 도약을 위해 준비하라

과 위험자산을 적절히 배분하는 것이 중요합니다. 특히 금리 인하 이후로 고수익을 좇는 자금들이 주식시장으로 몰릴 수 있지만, 신중한 선택이 필요합니다. 고성장 기술주와 같은 섹터는 금리 인하의 수혜를 받을 수 있지만, 기업의 재무 구조와 성장 잠재력에 대한 철저한 분석이 필요합니다.

또한, 금리 인하는 장기적으로 부동산과 같은 실물 자산에도 영향을 미칠 수 있습니다. 금리가 하락하면서 대출 비용이 줄어들어 부동산 시장이 다시 활기를 찾을 가능성도 있습니다. 주식 시장과 부동산 시장 간의 상관관계를 잘 이해하고, 분산 투자 전략을 세우는 것이 현명한 선택이 될 것입니다.

마지막으로, 변동성 속에서 기회를 포착하는 것은 '냉철한 판단'과 '장기적 안목'에서 비롯됩니다. 일시적인

시장의 움직임에 따라 급격히 대응하기보다는, 큰 흐름 속에서 자신만의 투자 원칙을 지켜가는 것이 중요합니다. 미국의 금리 인하가 가져오는 단기적 효과에만 집중하기보다는, 그 이면에 숨겨진 장기적 경제 구조의 변화를 주의 깊게 관찰해야 합니다.

   우리는 또 한 번의 기회를 맞이했습니다. 이 기회를 어떻게 활용하느냐에 따라 우리의 투자 성과는 달라질 것입니다. 변동성의 시대, 독자 여러분은 위기를 기회로 활용하여 큰 성과를 올리시기를 기원드립니다.

2024년 12월
저녁 달빛을 바라보며
진동인 올림